KB193479

영화설교 수업

영화설교 수업

극장에서 만난 나의 하나님

초판 1쇄 인쇄 2025년 1월 23일
초판 1쇄 발행 2025년 2월 10일

지은이	하정완
발행인	강영란
사업총괄	이진호

발행처	샘솟는기쁨
출판등록	제 2019-000050 호
주소	서울시 중구 수표로2길 9 예림빌딩 402 (04554)
대표전화	02-517-2045
팩스(주문)	02-517-5125
홈페이지	https://blog.naver.com/feelwithcom
전자우편	atfeel@hanmail.net

편집	박관용 권지연
디자인	트리니티
제작	아이캔
물류	신영북스

ⓒ 하정완, 2025
979-11-92794-54-9 (03200)

극장에서 만난 나의 하나님

영화설교 수업

하정완 지음

샘솟는
기쁨

영화로 복음을 말하다

얼마 전, 우리 교회에 다니는 집사 남편의 추도예배를 인도한 적이 있었다. 그곳에서 오랜만에 그 집사의 남동생을 만났는데, 예전에는 교회를 다녔으나 지금은 발길을 끊은 지 오래였다. 예배를 드리고 식사를 같이 한 후, 자연스레 커피를 마시면서 대화를 나누게 되었다. 이런저런 이야기를 주고받다가 그에게 질문을 던졌다.

"혹시 관람한 영화 중에 '인생 영화'를 꼽으라면 어떤 작품을 택하시겠어요?"

그는 망설임 없이 〈제리 맥과이어〉(1997)를 꼽았다. 톰 크루즈의 대표작 중 하나로 뛰어난 스토리와 배우들의 탄탄한 연기로 호평을 받았던 영화였다. 그 말을 듣고 말을 이어 갔다.

"제가 그 영화로 영화설교를 하면 교회에 한 번 방문할 생각이 있으신지요?"

사실 매우 돌발적인 질문이었는데, 그냥 하는 말로 들었는지 망설임 없이 그 영화로 설교하면 꼭 교회에 가겠다고 했다. 나는 아예 언제가 좋은지 날짜를 물었고, 그가 말한 주일에 〈제리 맥과이어〉 영화설교를 준비하여 초청하게 되었다. 그날 아내와 함께 예배에 참석한 그는 예배를 마치고 돌아간 후, 이런 글을 남겼다.

목사님, 안녕하세요.

지난 주일에 저의 인생 영화 〈제리 맥과이어〉 설교에 초대해 주시고, 감명 깊은 설교를 접할 수 있도록 애써 주셔서 너무 감사드립니다. 이번 설교는 저와 하나님과의 관계, 하나님을 믿는 사람으로서의 정체성, 앞으로 남은 삶의 방향과 가치 등에 관해 새롭게 고민해 보는 좋은 기회가 되었습니다. 언젠가 가수는 자신이 부른 노래를 따라 삶이 흘러간다는 이야기를 들은 적이 있습니다. 이번에 영화를 다시 보면서 '어쩌면 나의 삶도 나의 인생 영화를 따라 흘러왔구나'라는 생각을 하며, 가슴이 뭉클했습니다. 그저 영화 한 편 함께 보고 몇 가지 말씀 나누고 끝날 줄 알았는데 너무도 큰 감명을 받았습니다.

진심으로 감사드립니다.

오랜 시간 영화로 설교를 해 오며 이 같은 간증을 수없이 들었다. 많은 이들이 영화를 통해 들려지는 하나님의 말씀과 복음에 반응을 보였다. 이미 미디어가 지배적인 삶의 양식이 되어버린 오늘날 영화를 도구 삼아 말씀을 전하고, 복음에 대하여 말해 온 것은 큰 축복이었다. 이 시대 많은 목회자들, 평신도들이 복음 전도와 설교, 그리고 복음적 대화의 방법을 찾고자 애쓸 것이다. 이 책은 그런 갈증을 느끼는 이들에게 보내는 나의 목회 이야기이기도 하다. 열린 마음으로 보고자 한다면 분명 큰 도움이 되리라 생각한다.

무엇보다 이 책이 나오도록 도와주신 샘솟는기쁨 이진호 대표, 강영란 이사께 감사드리며, 이 사역의 현장인 꿈이있는교회와 지체들 그리고 아내 서은희에게 감사를 드린다.

저자 하정완

차례

로고스와 파토스의 완벽한 조화, 영화설교 수업

하정완 목사님의 영화설교를 코스타(KOSTA)에서 처음 들었을 때, 충격이었고 감동이었습니다. 각 영화마다 성경적 메시지와 연결시키는 설교 방식이었으며, 영화가 주는 즐거움 너머 하나님의 말씀과 복음은 물론 하나님의 실존에 대한 확신과 영혼 구원의 간절함이 담겨 있었습니다. 영화설교 주제는 '구속과 회복' '공동체와 관계' '희망과 인내' '하나님 나라의 가치' 등 성경적 진리를 기초로 영화를 분석하고, 신앙적 관점에서 풀어냈으며, 인간의 고뇌, 희망, 사랑, 용서 등의 주제가 성경의 가치관으로 재조명되었습니다. 영화설교는 일상에서 하나님 메시지를 발견하고 삶으로 실천하도록 돕는 데 초점이 맞춰져 있습니다. 영화라는 매체 특성을 이해하고, 현대 문화와 신앙의 조화를 이루게 하는 영화설교는 다층적인 성경의 주제를 시각적으로 풀어냄으로써 다음 세대에게 더 가까이 다가갈 수 있습니다. 전도에 연결고리가 되고, 세대와 세대 간의 질의응답의 도구로도 효과적입니다.

이 책 『영화설교 수업』을 읽으면서 저자의 영화설교에 대한 오랜 연구와 깊은 묵상에 더 다가갈 수 있었습니다. 새롭게 시도하는 설교 방법에 그치는 것이 아니라, 하정완 목사님의 삶 자체였습니다. 또한 영화설교의 시작 이야기부터 오랜 시간 축적된 많은 자료를 소개해 주고 있습니다. 더 감사한 것은 실제로 설교를 준비할 수 있도록 영화설교문으로 안내하고 있다는 것입니다. 이런 책을 어디서 찾을 수 있을까 싶습니다. 이 책은 기술 문명이 빠른 속도로 발전하는 시점에서 설교자의 좌절감을 기대로 바꾸어 주기에 충분합니다. 복음 전도와 설교 그리고 복음적 대화의 방법을 찾는 목회자는 물론 그리스도인에게 큰 유익을 줄 것이 분명합니다. - 유기성 목사, 예수동행운동 대표

『영화설교 수업』 출간을 진심으로 축하드립니다. 우리 대영교회는 지난 십수 년간 저자 하정완 목사님을 초청하여 영화설교를 통해 하나님의 말씀을 새롭게 경험하고, 복음의 깊이를 성도들과 나누는 귀한 시간을 가졌습니다. 영화라는 현대적 매체를 통해 복음의 메시지가 성도들의 마음에 생생하게 전해졌으며, 특히 젊은 세대와의 소통과 전도에 있어 탁월한 도구임을 직접 경험할 수 있었습니다. 이 책은 영화설교를 처음 시도하거나, 더 효과적으로 활용하고자 하는 교회와 목회자들에게 큰 도움을 줄 것입니다. 그동안 저자가 오랜 기간 쌓아 온 영화설교의 노하우와 실제 사례들은 중소 교회와 이 시대의 목회자들에게 더욱 큰 유익이 되리라 믿습니다. 영화라는 문화적 언어를 사용하여 복음을 전하는 방법은, 단순히 메시지 전달의 도구를 넘어 성도들이 세상 속에서 하나님을 경험하게 하는 강력한 매개체로 작용할 것입니다. 특히 복음 전도가 점점 어려워지고 있는 오늘날, 작은 교회들과 목회자들이 세상과 소통할 수 있는 귀한 길잡이가 될 것

이며 더 나아가 복음을 전하는 강력한 도구가 되리라 확신합니다. 이 책이 한국 교회를 새롭게 세우고, 더 많은 영혼들이 영화설교를 통해 주님께 돌아오는 강력한 복음 전도의 도구로 사용될 수 있기를 소망하며 기쁜 마음으로 이 책을 추천드립니다. - **조운 목사, 울산 대영교회 담임**

유학을 마치고 한국에 돌아온 98년, 하정완 목사님의 영화설교를 접했던 때가 기억에 새롭습니다. 당시 여러 대학에서 강의를 하던 저에게 참신한 시도였고, 일반 대학에서 '기독교 사상'을 강의하며 일반 영화를 가지고 풀어 갔던 기억이 새롭습니다. 그때나 지금이나, 우리 신앙을 '우리의 틀' 속에 가두기보다 '세상 속'에서 복음을 전하는 것이 필요합니다. 하정완 목사님의 영화설교는 그때나 지금이나 복음을 설명하는 가장 효율적인 도구입니다. 좋은 책이 좋은 도구로 잘 상용되기를 바라는 마음으로 추천합니다. - **김병삼 목사, 만나교회 담임**

오늘날 교회에서 회심이 희미해진 이유는 교회가 세상의 언어를 잃어버렸기 때문이다. 목회자와 그리스도인들은 교회라고 불리는 예배당 또는 종교 기관 안에서 자신들만의 문화와 언어로 소통하며 '당신들의 천국'에 갇혀 버렸다. 그들은 진심으로 자신들이 믿는 바를 소통하려 하지만, 그 내용이 빈약한 것은 차치하고라도 전달하는 언어가 거의 다른 나라의 말처럼 들린다. 이런 상황에서 세상의 문화와 언어 표현의 꽃이라고 할 수 있는 영화를 가지고 하정완 목사님은 오랫동안 설교해 오셨다. 영화를 통해서 세상을 읽어 내고, 그 속에 있는 진짜 이야기들을 발굴해 내는 저자의 시도는 참으로 멋지다. 더 나아가, 그 이야기에 숨겨 있는 '주님'을 드러내 보여 주는 솜씨는 정말 놀랍다. 성경이라는 놀라운 텍스트를 세상이라는 콘텍스트에서 재해석하기를 원한다면, 영화를 소비하는 것을 넘어서 해석하는 능력을 키워야 한다. 그때 우리네 삶과 상상을 그려 내고 있는 영화를 디딤돌로 사용하여 친구와 이웃에게 '그분의 이야기'를 소통할 수 있을 것이다. 이런 멋진 이야기꾼들을 위해, 저자는 오랜 세월 쌓아 온 선배의 비법을 아낌없이 전수해 준다. **- 김형국 목사, 하나님나라복음DNA네트워크 대표**

　　오랫동안 기다렸습니다. 처음 하정완 목사님의 영화설교 〈호로비츠를 위하여〉를 듣고, 아니 듣고 보면서 어떤 설교에서도 경험하지 못했던 로고스와 파토스가 완벽하게 조화를 이룬 설득에 속절없이 하나님을 수단화했던 내 자신을 회개하고 하나님을 그저 하나님으로 사랑하겠다고 통곡했던 모스크바 코스타에서의 첫날 밤을 잊을 수 없습니다. 그날 이후 하정완 목사님의 광팬이 되어 거의 모든 코스타에 오시던 못 오시던 무조건 초청하곤 하였습니다. 솔직히 하 목사님의 영화설교를 너무 좋아하다 보니 그 방법론을 카피하여 영화설교를 하고 싶었지만 왠지 허락받지 않고 시도하는 것이 실례 같기도 하여 주저주저하다가 그만 20여 년이 흘렀습니다. 이제 제 설교에 변화를 시도하기에는 늦어 버린 것이 아닐까 생각할 나이에 영화설교 노하우를 완전 공개하는 이 책이 너무 반갑고 감사합니다. 저 같은 설교자들이 많을 것입니다. 새해, 가장 기쁜 Good News였습니다. 영화의 힘은 엄청납니다. 수많은 인력, 막대한 재정, 최첨단의 기술들이 동원되는 것도 영화의 힘이지만 가장 강력한 힘은 영화를 끌고 가는 스토리에 있습니다. 그 스토리에는 등장인물의 캐릭터가 있고 줄거리 플롯이 있습니다. 등장인물에 비춰 보기도 하고 그 줄거리에 감정이입이 되기도 합니다. 한 해 수천 편씩 쏟아지는 영화에는 세상만사와 함께 울고 웃는 온갖 군상들이 등장하지요. 그들의 이야기는 우리의 이야기이고 성경의 이야기이기도 하기에, 영화는 스토리텔링 설교를 위한 최고의 거의 무한대로 제공되는 설교자의 자원(Resource) 보고라고 할 것입니다. 문제는 설교자들이 이 엄청난 자원을 설교를 위해 충분히 효과적으로 사용하지 못하였다는 것입니다. 설교의 예화 정도의 영화에서 벗어나 설교를 끌고 가는 스토리의 뼈대로 사용하면서 성경 스토리와 영화 스토리가 씨줄과 날줄처럼 직조되어 가는 과정 자체가 또 하나의 예술적 창작의 경지에 이르는 영화설교 방법론을 배울 수 있다면 이 시대에 가장 강력한 복음 전파의 도구가 되리라 믿어 의심치 않습니다. 좋은 영화는 시대를 꿰뚫는 통찰력과 가장 효과적으로 동시대의 관객과 소통이 되는 언어를 사용하고 있기에 영화설교 방법론은 설교자의 가장 큰 숙제를 이미 반은 해결해 주고 있다고 믿습니다. 바라기는 수많은 제2 제3의 하정완 목사님이 나타나 영화설교를 통한 새로운 부흥이 한국 교회에 그리고 또 하나의 K-Culture로서 전 세계 교회에서 일어나기를 소망합니다. - 곽수광 목사, 전 KOSTA 국제총무

저와 부흥한국 간사들은 하정완 목사님의 영화설교를 통해서 정말 풍성한 메시지와 감동을 받았습니다. 지금도 정기 찬양 모임마다 목사님을 초청해서 귀한 영화설교 메시지를 듣습니다. 들을 때마다 감탄합니다. 이 시대를 살아가는 우리에게 전하시는 힘 있는 메시지에 감탄하곤 합니다. '영화'라는 화려한 몸을 입었던 메시지들이 영화보다 더 빛나고 생생하기 때문입니다. 또한 영화의 시대와 우리의 시대를 뛰어넘는 영원한 메시지들이기 때문입니다. 하나님과 시대와 복음을 향한 탁월한 통찰력이 영화 스토리를 만나 일으키는 불꽃은 다시 하나님 나라를 위한 열망으로 불붙게 합니다. 〈아마데우스〉〈오펜하이머〉〈레미제라블〉〈쉰들러 리스트(Schindler's List)〉〈돈 룩 업(Don' t Look Up)〉〈신과 함께 가라〉〈보이콰이어〉〈샌 안드레아스(San An-dreas)〉〈설국열차〉〈극한직업〉〈빵반〉〈엑시트(Exit.)〉〈대장 김창수〉〈어바웃 타임(About Time)〉〈남한산성〉 등등 장르를 가리지 않는 국내외 수많은 영화들은 영화설교를 거치면서 이제 제 영혼 안에 보물같이 빛나며 기억되는 메시지의 성소로 남아 있습니다. 이 책에서 그 중요성을 이야기한 것처럼, 신학적 지식과 인문학적 소양을 가진 설교자가 이 영화설교를 통해 우리 시대의 어둠을 밝히는 귀한 일들이 일어나기를 소망합니다. 하정완 목사님은 지금 시대에 그 누구도 이미 거부할 수 없는 문화 현상으로 존재하는 영화이지만, 오히려 그 영화를 통해 실제적이면서 영원한 성경의 메시지를 샘물처럼 길어 올려 비밀을 나눕니다. 그 사역을 통해 다양한 목회 현장과 세대를 넘어 수많은 사람들 안에서 선한 열매를 맺었던 확신과 감동을 전합니다. 지난 25년 동안 800편 이상의 영화설교를 해 오면서 그 깊이 있는 사역을 경험한 목사님의 진솔한 이야기, 부록으로 영화설교를 직접 시연해 볼 수 있게 5개의 예시적인 영화설교문이 들어 있는 이 책을 영화설교를 꿈꾸는 모든 분에게 추천합니다. 제가 그랬던 것처럼, 영화설교를 통해서 하나님과 하나님 나라, 영원한 천국 시민이요 사명자로 살아가는 우리의 삶에 대해서 깨닫고 이제 실제로 그 삶을 살아가는 주인공이 더 많이 일어나길 소망하면서. - **고형원 선교사, 부흥한국 대표**

아직도 눈앞에 생생한 장면이 있다. 청소년 7만 명이 참가한 〈AWAKENING 2009 해운대집회〉였다. 광활하게 탁 트인 해운대 해수욕장 모래밭에서 파도 소리를 들으며, 상어를 주제로 한 〈딥 블루씨〉 영화설교를 하는 하정완 목사님을 눈이 빠지도록 집중하며 듣고보던 그 바닷가의 장관. 내겐 가장 웅장하고 감동스러운 설교였다! 하정완 목사님과 전 세계의 코스타를 함께 다녔다. 매번 코스타 현장에서 영화설교를 통하여 울고 웃는 다음 세대를 보았다. 성경 본문의 해석과 예화로 영화를 사용하실 때마다 참석한 청소년·청년들뿐만 아니라 코스타 강사님들도 감탄이 저절로 나왔다. 특히 친구 따라 캠프에 참석한 비그리스도인이나 초보 신앙인들에게는 이보다 더 매력적인 시간이 없었다. 가장 대중적인 매체로 친근하게 말씀의 초장으로 안내하는 최고의 설교자, 하정완 목사님. 평생의 영화설교 노하우를 아낌없이 펼쳐 놓은 이 책은 당신이 갖게 될 보물 중 하나가 될 것이다. -
유임근 목사, KOSTA 국제총무

모든 분야에는 오랫동안 그 길을 걸으며 한 걸음이 수백만 걸음으로 이어지는 시간을 고민하고 발전해 오신 분들이 계십니다. 영화설교는 우리나라에서 하정완 목사님이 선구자시며 가장 전문적으로 사역해 오신 분입니다. 영화설교는 특별히 불신자와 다음 세대들에게 너무 귀한 도구이기도 합니다. 오랜 시간을 연구하시고 실전에 사용하신 노하우를 후배들에게 나누어 주시는 귀한 책을 환영하고 함께 기뻐합니다. 귀한 책을 통해 놀라운 일들이 여러분의 사역 현장에도 일어나길 기도하며 축복합니다. - **홍민기 목사, 라이트하우스무브먼트 대표, 브리지임팩트사역원 이사장**

영화감독이자 설교자로서, 영화와 말씀을 연결하는 특별한 사역을 하고 있습니다. 그래서 늘 강조하는 이야기가 있습니다. 영화는 두 개의 영사기가 돌아가는데 하나는 감독의 영사기이고, 또 하나는 관객의 영사기입니다. 같은 영화를 보더라도, 관객 각자의 마음 상태와 시선에 따라 그 영화는 다르게 다가옵니다. 하정완 목사님의 책『영화설교 수업』은 우리에게 새로운 영사기를 열어 줍니다. 영화를 통해 하나님의 시선을 발견하게 하고, 영화 속 깊은 곳에 담긴 하나님의 메시지를 경험하도록 이끌어 줍니다. 영화라는 매체를 설교의 소재로 사용하며, 탁월한 통찰력으로 회중과 소통하는 이 책은, 말씀을 전하는 새로운 길을 제시합니다. 단순히 영화에 대한 해석을 넘어, 영혼 깊은 곳에서 하나님의 이야기를 만나게 하는 특별한 여정입니다. 이 책을 통해 새로운 시각으로 영화를 보고, 말씀을 더 가까이 느끼게 되기를 소망하며, 여러분께 진심으로 추천드립니다. **- 김상철 목사, 〈제자, 옥한흠〉 〈부활 그 증거〉 〈아버지의 마음〉 영화감독**

　　삶의 변화, 설교의 목표는 삶의 변화입니다. 정보나 지식이 아니라 말씀으로 삶을 변화시키기 위해 설교자는 강단에 올라갑니다. 삶을 변화시키는 설교는 가슴에 들려야 하고, 오래도록 기억에 남아야 합니다. 이런 면에서 영화설교만큼 효과적인 설교 방법이 또 있을까 싶습니다. 더욱이 지금처럼 전도가 어렵고 교회에서 젊은 세대가 사라지는 시대에 영화설교는 청장년층과 다음 세대까지 아우를 수 있는 참 멋진 설교 방법입니다. 영화설교를 어떻게 준비해야 할까요? 지난 25년간 800여 편이 넘게 영화설교를 해 오신 하정완 목사님의 『영화설교 수업』은 이 질문에 관한 정확한 답을 제공합니다. 이 책을 통해 영화설교가 어떤 가치가 있는지 배울 뿐 아니라 어떻게 영화설교를 준비하고, 실천할 수 있는지 알게 될 것입니다. 성도들의 삶의 변화를 목격하고 싶은 설교자, 미그리스도인에게 복음을 전하고 싶은 설교자, 젊은 세대에게 다가가고 싶은 설교자에게 진지한 일독을 권합니다. **- 지혁철 목사, 잇는교회 담임, 『설교자는 누구인가』 저자**

Chapter 1

영화에서

만난 하나님

"목사님, 왜 영화설교 하세요?"

"굳이 영화로 설교하는 이유가 무엇인가요?"

이런 질문을 수없이 받았다. 그때마다 나의 대답은 한결같았다.

"영화 속에서 하나님을 만날 수 있습니다."

이렇게 분명하게 대답할 수 있는 건, 내가 극장에서 하나님을 만났기 때문이다. 그런 까닭에 가만히 있을 수 없었다. 어떻게든 영화 속에서 하나님을 만났던 이야기뿐 아니라 내가 체득한 방법을 나누고 싶었다. 그것을 전달해 줄 수 있다면, 하는 마음이 내게는 간절하다. 사람들이 간과하는 영화가 복음의 통로가 될 수 있기 때문이다.

극장으로 간 전도사

1985년, 그해 겨울은 유난히 추웠다. 스물여섯 나이에 결혼하고 제주도 미자립 시골 교회에서 막 담임목회를 시작할 무렵이었다. 장년 교인이 서너 명인 교회는 사례비는커녕 일상생활을 해 내기에도 형편이 어려웠다. 삶이 무거웠고 혼란스러웠다. 덩달아 사명도 흔들렸다. 무엇보다 나의 죄 된 모습이 사라지지 않았다. 과연 목회자로서 합당한 사람인지에 대한 질문이 계속해서 나를 사로잡았다.

돌아보면 이 같은 내면의 갈등은 가정사에서 비롯되었다. 우리 집은 불신 가정이었다. 일찍이 부모님이 별거한 까닭에 외할머니 품에서 유년기를 보냈다. 하지만 초등학교 2학년 때 외할머니가 돌아가시면서 그동안 헤어져 지내던 어머니와 다시 살게 되었다. 그곳은 병원의 옥탑방이었다.

병원장 집안의 또래 아이들에 비해 상대적으로 빈곤하고 불안한 가정 상황은 나를 거칠고 삐뚤어진 길로 이끌었다. 그런 나를 보면서 안타까워하던 어머니는 하는 수 없이 아버지와 다시 결합하셨다. 초등학교 5학년 때였을 것이다. 하지만 이미 아버지는 술중독자였다. 불안했던 환경은 전혀 달라지지 않았다. 그러다 중학교 2학년 때 아버지가 갑작스러운 심장마비로 돌아가셨다. 나의 굴절된 사춘기는 더 심한 반항과 일탈로 이어졌고, 갈수록 왜곡된 상황으로 빗나갔다. 중학교 생활은 그렇게 점철되었다.

그 와중에도 감사한 일이 있다면 아버지의 죽음을 계기로 어머니가 신앙을 갖게 된 것이다. 그런 엄마를 따라 나도 교회에 다니게 되었다. 당시 내게 신앙이 있을 리 없었지만 교회는 정말 재미있는 놀이터가 되어 주었다. 그러다 고등학교 2학년 여름 수련회 때 예수를 영접하고 얼떨결에 주의 종이 되겠다고 서원하고 말았다. 성령의 감동이 있었던 것이 아니었다. 돌이켜 보면 그저 수련회 분위기에 휩쓸린 호기로운 결정에 불과했다.

별다른 꿈이 없던 내게 신학대학 입학은 그야말로 도피 행위 같은 것이었다. 흔들림 없는 소명이 있을 리가 없었다. 그렇게 시간만 흘러 신학대학을 졸업하게 되었고, 어떠한 확신도 없이 목회자의 길로 들어서게 되었다. 그런 까닭에 스물여섯의 하정완은 불확실함과 답답함, 그리고 절망으로 가득한 상태였다.

그런 절망이 지배하던 그해 겨울, 가난한 교회의 전도사인 나는 제주의 한 극장에서 우연히 영화를 보게 되었다. 밀로스 포만 감독이 연출한 영화 〈아마데우스〉(1985)였다.

영화 〈아마데우스〉는 오스트리아의 작곡가 모차르트와 궁정 음악가 살리에리의 갈등을 주제로 다룬 작품이었다. 왕의 음악 선생이기도 했던 살리에리는 작곡가이자 연주자로 당대

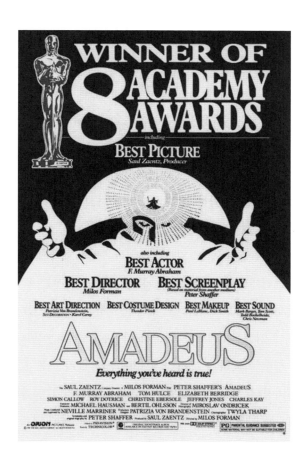

그해 겨울, 가난한 교회의 전도사인 나는 제주의 한 극장에서
우연히 영화를 보게 되었다.
밀로스 포만 감독이 연출한 영화 〈아마데우스〉(1985)였다.

최고의 영광을 누리고 있었다.

반면 모차르트는 천박하고 방탕한 음악가였다. 그러나 그의 음악은 천상의 음악이었고 상상할 수 없는 아름다움이었다. 그런 까닭에 음악을 통하여 하나님의 영광을 드러내고 자신도 영광을 받는 유명한 음악가를 꿈꾸던 살리에리는 모차르트의 기막히게 아름다운 음악을 도저히 이해할 수 없었다. 그에게 질문이 생겼다.

'왜 하나님은 천박한 모차르트에게 나보다 더 기막힌 하늘의 음악을 주셨는가?'

살리에리는 하나님이 원망스러웠다. 결국 그 원망이 극으로 치달아 살리에리가 모차르트를 죽일 계획을 세우는 것으로 영화는 전개된다. 그것이 하나님에게 분노하는 방법이었다.

그런데 영화를 보는 중에 내게 이상한 일이 일어났다. 모차르트를 전혀 이해하지 못하는 살리에리와 달리 나는 모차르트가 이해되었던 것이다. 그뿐만 아니라 살리에리가 던졌던 질문이 나에게는 다른 음성으로 들렸다. 마치 하나님이 내게 이렇게 속삭이시는 것만 같았다.

'너의 죄 된 모습과 관계없이 새로운 시작과 무한한 가능성을 지지한다.'

영화 속에서 죽기 전까지 무절제한 삶을 사는 모차르트가 창부와 시시덕거리면서도 아름다운 음악을 작곡하고, 하숙집 주인의 집세 독촉 소리조차 작곡의 모티브로 삼는 것을 보면서 하나님의 위로와 격려 그리고 놀라운 은총을 경험했다.

그때 바리새인과 예수님 사이에 오가던 대화가 떠올랐다. 주님이 예루살렘에 입성하시던 날, 많은 제자들이 찬송하며 환호했다. 이를 본 바리새인들이 그들을 꾸짖으라고 요청하자 주님은 이렇게 말씀하셨다.

"내가 너희에게 말하노니 만일 이 사람들이 침묵하면 돌들이 소리 지르리라"(눅 19:40)

그러니까 주님은 아무런 이해관계가 없는 돌들의 찬송도 받으실 수 있다고 말씀하신 것이었다. 이 메시지가 내게는 이렇게 다가왔다. 곧 하나님은 정결하고 깨끗해 보이는 사람의 영광만 받으시는 것이 아니라 사람들이 볼 때 비참하고 정결하지 않은 사람들을 통해서도 영광을 받으신다는 깨달음이었다. 오히려 하나님이 그것을 더 기쁘게 여기신다는 느낌까지 들었다.

그들이 어떤 조건도 내세우지 않기 때문이고, 당연히 아무것도 아닌 존재이기 때문이라는 깨달음이었다. 그 순간 오랜 시간 나를 짓눌러 온 죄의 문제와 불확실한 소명, 낮은 자존감 등으로 인한 비참함의 경험이 아무런 문제가 되지 않는다는 생각이 들었다. 언제든 다시 시작하면 된다는 용기가 내 안에서 가득했다.

동시에 내 안에 감추어져 있던 하나님이 주신 가능성과 천재성이 꿈틀거리는 것을 경험하게 되었다. 그렇게 나는 극장에서 〈아마데우스〉를 보며 하나님의 마음을 깨달았던 것이다. 나에겐 또 다른 의미의 세례였다. 내가 이렇게 고백할 수 있는 이유는 하나님은 어디에나 계시기 때문이다.

어디에나 계시는 하나님

모세는 광야의 평범한 떨기나무를 보다가 하나님을 만났다. 아브라함은 그저 지나가는 나그네를 대접하다가 하나님을 섬겼다. 아모스는 뽕나무를 치다가 하나님의 음성을 들었다. 그뿐만이 아니다. 하나님은 바벨론을 통해서도 자신을 드러내셨다. 심지어 이스라엘 포로기에는 이방신을 섬기는 바사 왕 고레스가 하나님의 통로로 쓰임받았다.

요나서를 보면 하나님의 명령을 피해서 배를 타고 다시스로 도망가는 요나가 나온다. 하나님은 그가 탄 배에 풍랑을 보내셨다. 요나는 그 사실을 인식하지 못하고 있었다. 그런데 그때, 불신자였던 배의 선원들이 제비뽑기를 통하여 요나에게 문제가 있음을 발견했다. 그들은 지금의 사태를 하나님으로부터 벌을 받고 있는 것으로 정확하게 이해했다.

> "그들이 요나에게 물었다. '우리에게 말하시오. 누구 때문에
> 이런 재앙이 우리에게 내렸소? 당신은 무엇을 하는 사람이며,
> 어디서 오는 길이오? 어느 나라 사람이오? 어떤 백성이오?' 그
> 가 그들에게 대답하였다. '나는 히브리 사람이오. 하늘에 계신
> 주 하나님, 바다와 육지를 지으신 그분을 섬기는 사람이오.'
> 요나가 그들에게, 자기가 주님의 낯을 피하여 달아나고 있다
> 고 말하니, 사람들이 그 사실을 알고, 겁에 질려서 그에게 소
> 리쳤다. '어쩌자고 당신은 이런 일을 하였소?'"(욘 1:8~10, 새번역)

"어쩌자고 당신은 이런 일을 하였소?" 여기서 우리는 요나
보다 더 민감하게 하나님께 반응하는 불신자 선원들을 만난다.
더욱 놀라운 사실은 이 사태 앞에서 그들이 선함을 보였다는 것
이다. '자신을 바다에 던지면 잠잠해질 것'이라는 요나의 말에
도 그들은 요나를 살리기 위해 애쓴다. 그뿐만 아니라 더욱 심
각해진 풍랑 앞에서 하는 수 없이 요나를 바다에 던질 때도 그
들은 주님께 긍휼을 구했다. 풀러신학교의 로버트 존스톤은 그
의 책 『영화와 영성』에서 이 장면을 이렇게 해석했다.

> "하나님은 인간의 모든 일에 관여하시며 믿지 않는 자들의 지

혜와 통찰력을 사용하셔서 믿는 자들에게 그분의 진리를 전달
하신다."[1]

심지어 기독교 신학을 집대성한 어거스틴은 시장에서 떠드
는 아이들의 음성에서 일생을 변화시키는 하나님의 음성을 들
었다고 한다. 이것은 영화에도 그대로 적용된다. 영화는 '인간
의 모든 일'을 다루는 종합예술이다. 그 안에는 인간과 세상을
바라보는 고유한 목소리가 담겨 있고, 하나님은 얼마든지 그것
을 통해 일하실 수 있다. 영화 〈아마데우스〉를 보던 날 내 안에
일어났던 일처럼 말이다. 그래서 존스톤은 말한다.

"때로 영화는 관객에게 초월의 경험을 줄 수 있는 성례전적 능
력이 있다."[2]

C. S. 루이스는 그의 자서전 격인 책 『예기치 못한 기쁨』에
서 내가 영화 〈아마데우스〉를 보다가 하나님을 경험한 것 같은
다른 세계의 그 무엇인가에 깊이 끌렸던 경험을 소개했다. 형이
장난감을 놀이방으로 들고 왔을 때 덮쳤던 감정,[3] 바그너의 음

---

1) 로버트 존스톤, 『영화와 영성』, IVP, 95.
2) 앞의 책, 80.
3) C. S. 루이스, 『예기치 못한 기쁨』, 홍성사, 30.

악을 들으면서 느꼈던 쾌락,[4] 그리고 북유럽 신화를 비롯한 책들을 읽으며 경험한 기쁨 등을 이야기하며 "기쁨에 가슴을 찔리곤 했다"[5]라고 표현했다. 나아가 그는 조지 맥도날드의 소설 『판타스테스』를 읽으면서 거룩함을 경험하는데, "그날 밤 내 상상력은 일종의 세례를 받았다"[6]라고 고백했다.

리차드 빌라데서는 그의 책 『신학적 미학』에서 단순히 언어적 메시지만 아니라 비언어적 메시지를 통해서도 하나님을 경험할 수 있다고 주장했다.

> "최소한 기독교에 있어서는 언어적 '메시지'가 독특하고 중심적인 위치를 가지는 것은 사실이다. 하지만 (중략) 언어가 기독교 계시의 배타적인 매개물도 아니다. 언어는 하나님의 자기-선물과 그것이 가져오는 '종교적 회심'을 가장 직접적이고 개념적으로 전달한다. 하지만 은총의 삶은 그 개인적이고 공동체적인 차원에 있어서 생활 방식, 행동, 예배, 이미지, 그림 등에서도 비언어적으로 표현되어진다. 이것들 또한 하나님의 영의 사역들이고 하나님의 성육화된 '말씀들'이다."[7]

---

4) 앞의 책, 110.
5) 앞의 책, 114.
6) C. S. 루이스, 『책 읽는 삶』, 두란노, 76.
7) 리차드 빌라데서, 『신학적 미학』, 한국신학연구소, 315.

그런 까닭에 C. S. 루이스의 개인적 경험이나 어거스틴이 아이들의 떠드는 소리에서 하나님의 음성을 들었던 것처럼, 내가 영화 〈아마데우스〉를 보다가 하나님을 경험한 일 역시 충분히 가능한 일이다. 왜냐하면 하나님은 어디에나 계시기 때문이다.

　　예배의 자리에만 계신 것이 아니라 하나님은 모든 곳에 거하신다. 온 우주 만물, 인간을 포함해서 모든 것이 하나님의 것이며 하나님 안에 있다. 하나님의 숨결이 거하지 않는 곳은 없다. 그러니까 살리에리가 볼 때 한심한 사람, 모차르트의 음악을 통해서도 하나님을 경험하고, 아름다운 자연을 보면서도 하나님을 경험하게 되는 것이다. 바울은 로마서에서 분명하게 말했다.

　　"이는 하나님을 알 만한 것이 그들 속에 보임이라 하나님께서 이를 그들에게 보이셨느니라 창세로부터 그의 보이지 아니하는 것들 곧 그의 영원하신 능력과 신성이 그가 만드신 만물에 분명히 보여 알려졌나니 그러므로 그들이 핑계하지 못할지니라"(롬 1:19~20)

　　하나님은 세상을 창조하신 뒤 '보시기에 좋았다'라고 말씀하셨다. 그런 세상의 모든 아름다움(美)에는 하나님이 내재되어 있다. 하나님은 아름다움 자체이시며, 그 하나님의 손으로 빚어진 것이 세상이기 때문이다.

> "신은 그리도 오래된, 그럼에도 불구하고 너무나 신선한 미이
> 다. 그러므로 이 미는 그가 만든 우주에 필연적으로 반영되어
> 있다."[8]

언제나 예배하는 예배자

이스라엘을 통일한 왕 다윗이 죽고, 솔로몬이 그 왕국을 물
려받았을 때는 매우 불안정한 상황이었다. 솔로몬은 결혼 동맹
을 통하여 주변 나라들과의 적대적 관계를 해소시켜 갔다. 이런
인간적인 방법과 함께 그는 하나님을 의존했다. 하나님을 예배
하고자 했다. 당시는 성전이 없던 시절이었다. 그래서 그는 산
당에서 하나님께 예배를 드렸다.

우리는 '예배당이 없으면 산당에서도 얼마든지 예배를 드릴
수 있는 것 아닌가' 하고 쉽게 생각할 수 있다. 사실 당시까지
이스라엘 사람들은 어디에서나 제단을 쌓고 예배를 드렸다. 야
곱은 광야에서 제단을 쌓았다. 실제로 하나님은 이스라엘 백성

---

8) 리차드 해리스, 『현대인을 위한 신학적 미학』, 살림, 50.

에게 제단을 쌓는 법과 함께 예배하는 장소를 성별하는 방법을 레위기서에서 자세히 말씀해 주셨다. 그러니까 예배당이 없는 것은 문제가 아니었다.

그런데 산당은 낯선 곳이었다. 솔로몬이 제사를 드린 산당은 모세가 만든 성막과 번제단(대상 21:29)이 있던 곳이지만, 동시에 바알과 아세라를 섬기거나 혹은 아들을 제물로 바치는 끔찍한 이방 종교의 의식을 행하던 곳이기도 했다.

나중에 이스라엘의 왕들이 늘 걸려 넘어지는 것이 산당이었고 결국 이스라엘을 패망시키는 가장 큰 요인이 되는 것도 산당이었다. 그만큼 산당은 하나님을 예배하기 낯선 장소이기도 했다. 그런데 솔로몬이 기브온 산당에서 하나님께 일천번제를 드린 것이다.

산당은 낯설고 부정하게 느껴지는 장소였지만 놀랍게도 그곳에도 하나님이 계셨다. 더욱이 하나님이 그 솔로몬의 예배를 받으셨다. 그뿐만 아니라 하나님은 그 산당의 예배를 흡족히 여기시고 개인에게 주신 복 중 역사상 가장 대단하고 화려한 축복을 하셨다.

이것은 우리에게 매우 중요한 의미를 시사한다. 주님을 만날 수 있는 장소가 정해져 있지 않다는 것을 의미하기에 그렇다. 특히 오늘과 같은 시대에 의미하는 바는 크다. 왜냐하면 우리는 생활의 상당 부분을 산당과 같은 세상에서 살아야 하는 상황이기 때문이다. 교회에 임하시는 하나님은 세상에도, 우리가 살아가는 일상에도 계시는가? 솔로몬의 산당 이야기는 그렇다는 사실을 우리에게 보여 준다.

그렇게 보면 오늘 우리 신앙의 실패는 낯선 곳에서 예배하는 것의 실패와도 관계가 있다. 하나님은 언제 어디서나 예배하는 예배자를 원하시지만 우리는 예배당에서만 예배드리는 것에 익숙해져 있다. 이처럼 장소 곧 성전에 하나님을 제한하려 한다. 팬데믹을 거치며 성전이라는 개념에 대한 지나친 집착이 풀린 측면이 있지만 여전히 물리적 의미의 성전에 하나님이 계시다는 것을 강조하는 경우가 많은 것을 본다.

주님이 사마리아를 지나시다가 수가성 우물가에서 한 여인을 만나셨다. 그녀와 이런저런 대화를 나누시던 주님은 예배에 관해 말씀하시며 물리적 성전이 아니라 신령과 진정의 문제를 강조하셨다.

"21예수께서 이르시되 여자여 내 말을 믿으라 이 산에서도 말고 예루살렘에서도 말고 너희가 아버지께 예배할 때가 이르리라 23아버지께 참되게 예배하는 자들은 영과 진리로 예배할 때가 오나니 곧 이때라 아버지께서는 자기에게 이렇게 예배하는 자들을 찾으시느니라 24하나님은 영이시니 예배하는 자가 영과 진리로 예배할지니라"(요 4:21, 23~24)

하나님은 언제 어디서나 예배하는 예배자를 원하시는데 우리는 물리적 성전을 강조한다. 물론 그런 태도가 틀렸다는 말이 아니다. 문제는 예배당이 아닌 다른 곳에서는 예배할 수 없거나 예배하지 못한다는 데 있다. 그것이 우리 신앙을 무너뜨리고 유지하지 못하게 하는 요인이 되는 것이 사실이다.

하나님은 세상 어디에나 계신다. 직장에도, 시장에도, 거리에도 그리고 극장에도 계신다. 그럼에도 우리는 성전에서만 주님을 만날 수 있다고 생각하고 있지는 않은가? 극장처럼 평소에 전혀 생각해 보지 않은, 낯선 곳에서조차 우리는 예배할 수 있어야 하고 예배해야 한다. 그때 우리는 세상 어디에서나 하나님을 만나는 예배자로 살아가게 될 것이다.

낯설어도 복음의 통로

베드로는 피색장 시몬의 집 옥상에서 기도하다가 환상을 보았다. 부정한 짐승들이 담겨진 바구니가 자기 앞으로 내려오는 환상이었다. 주님은 그에게 다짜고짜 그것을 잡아먹으라고 말씀하셨다. 부정한 짐승을 잡아먹다니, 베드로는 상상도 해 보지 않은 일이었다. 분명 그것은 낯선 것이고 어색한 것이었다. 그는 자신이 알고 있는 율법과 지식을 들먹이며 주님의 뜻을 거절했다.

결국 베드로는 "하나님께서 깨끗하게 하신 것을 네가 속되다 하지 말라"(행 10:15)라는 말씀을 듣는다. 하나님이 그렇게 하신 이유는 유대인들이 부정하게 여기던 이방인에게도 복음이 전해지길 원하셨기 때문이다. 그 하나님의 뜻을 좇아 베드로는 이방인 백부장 고넬료의 집으로 향한다.

고넬료의 집에 도착한 베드로는 이방인들에게 복음을 전한다. 그리고 오순절에 자신들에게 임했던 성령의 역사가 그들에게도 일어나는 것을 보게 된다. 그 후 이방인과 함께하며 식사한 이 일로 다른 이들의 추궁을 받게 되는데, 그때 베드로는 놀라운 고백을 한다.

> "내가 말을 시작할 때에 성령이 그들에게 임하시기를 처음 우리에게 하신 것과 같이 하는지라 내가 주의 말씀에 요한은 물로 세례를 베풀었으나 너희는 성령으로 세례를 받으리라 하신 것이 생각났노라 그런즉 하나님이 우리가 주 예수 그리스도를 믿을 때에 주신 것과 같은 선물을 그들에게도 주셨으니 내가 누구이기에 하나님을 능히 막겠느냐 하더라 그들이 이 말을 듣고 잠잠하여 하나님께 영광을 돌려 이르되 그러면 하나님께서 이방인에게도 생명 얻는 회개를 주셨도다 하니라"(행 11:15~18)

이 사건은 우리에게 중요하다. 유대인에게 먼저 주어진 복음이 이방인을 향해 본격적으로 열리는 일이기 때문이다. 바울이 다메섹 체험 후 예루살렘을 방문했을 때, 그를 경계하던 예루살렘 사도들이 후에 그를 이방인의 사도로 인정하게 된 것은 바로 이 사건 때문이었다(행 15장). 하나님이 미리 베드로를 설득하신 것이다. 놀랍게도 낯선 것이 복음의 통로가 된 것이다.

오늘날은 이미 복음 전도의 길과 방법이 많이 막혀 있는 상태다. 그동안 교회가 세상에 대하여 지나치게 배타적인 태도를 보여 왔고, 세상과 대중문화를 죄악시해 온 것이 이런 결과를 가져왔다. 만일 이 시대, 우리가 정말 복음을 전하기 원한다면 자기를 비워 인간이 되신 그리스도의 성육신 사건처럼 케노시스[9] 방법을 따라야 한다. 그런 의미에서 영화로 복음을 말하는 것은 그리스도 예수의 케노시스를 따르는 아주 효과적인 방법이라 할 수 있다.

한 청년이 생각난다. 그날은 기술 문명과 디스토피아를 다루는 영화 〈매트릭스〉(1999)로 영화설교를 하는 주일이었다. 교회 다니는 청년이 자신의 친구인 그 청년에게 이렇게 말했다.

"이번 주에 우리 목사님이 〈매트릭스〉로 설교하신데."

그 청년은 영화 〈매트릭스〉에 대한 관심이 많았던 터라, 그

---

9) 헬라어 케노시스는 '자기 비움'을 뜻하며, 일반적으로는 하나님이 자신을 비우고 낮춰서 연약한 인간이 되신 것을 가리킨다.

말을 듣고 호기심이 들어 교회를 찾아왔다. 그리고 그날 설교에 깊은 감동을 받았고, 그 일이 교회를 다니게 되는 계기가 되었다. 영화로 복음을 만나게 된 것이다. 여전히 교회와 설교가 고리타분하다고 느끼는 비신자 청년들에게 이렇게 말한다고 생각해 보자.

"이번 주에 우리 목사님이 최민식과 김고은이 주연한 〈파묘〉로 영화설교를 하시는데 한번 오지 않을래?"

아마도 충분히 설득력이 있을 것이다. 가 보고 싶은 흥미가 동할 것이다. 설령 당장 오지는 않더라도 교회에 대해 다른 생각, 새로운 이미지를 갖게 될 것이다. 이처럼 세상을 관통하는 영화를 가지고 이야기하는 것만으로도 충분히 설득력과 접촉점을 갖출 수 있다. 낯선 것이 복음의 도구가 되는 순간이 아닐 수 없다.

Chapter 2

영화설교를

기억했을 때

2005년 12월 뉴질랜드 코스타를 인도하러 갔을 때였다. 집회를 준비하고 있는데 둘째를 임신한 교회 집사에게서 전화가 왔다. 무슨 일인가 싶어 받았더니, 몹시 슬픈 목소리로 배 속의 아이를 초음파 검사한 결과를 전했다.

아이의 심장에 혹이 가득 차 있다는 청천벽력 같은 소식이었다. 자연분만이 불가능하고 제왕절개를 하더라도 아이가 스스로 숨을 쉴지가 불투명하다고 했다. 매우 위험한 상태였다. 이 사실을 아는 친정어머니는 딸을 걱정하여 낙태를 권하고 있는 상황이었다. 아마도 많은 목회자들이 이런 상황 앞에 어떤 대답을 해야 할지 고민할 것이다. 그런데 내 입에서 어떤 머뭇거림도 없이 이 말이 튀어나왔다.

"영화 〈하루〉 기억하지?"

경이로운 섭리를 기억하다

불쑥 내 입에서 나온 영화 〈하루〉(2001)는 그 시점에서 볼 때 무려 3년 전인 2002년 11월에 했던 영화설교에서 다룬 작품이었다.

간단히 내용을 소개하자면, 사내 커플로 행복하게 살던 부부가 있었다. 그 부부에게는 아이가 없었는데 다행히도 시험관 시술을 통해 임신하게 된다. 그런데 기쁨도 잠시였다. 엄마 배 속의 태아는 뇌가 없는 기형 상태, '무뇌아'였다. 태어나더라도 하루 이상 살 수 없다는 통보를 들었다. 병원에서도, 남편도 낙태를 권하는데 아내는 낳겠다고 고집했다. 그때 반대하는 남편을 설득하며 아내가 이렇게 말했다.

"우리는 아이를 원했던 거지. 그 아이가 어떤 아이이길 바랐던 것은 아니잖아. 우리 도망치지 말자. 희망이 있을 수 있잖아. 그 아이가 단 하루를 살다 가더라도 감사할래. 부탁해. 나 좀 도와줘."

너무 눈부셔…
짧다는 말조차 할 수 없었습니다

하루
a day

이성재 고소영 | 감독 한지승
www.koofilm.com 친화 go koofilm

그 젊은 집사에게 내가 한순간의 망설임도 없이
영화 〈하루〉를 언급한 것은 이해할 수 없는 일이었다.
그것도 3년 전의 영화설교를 말이다.

영화설교 수업

마침내 아이가 출생했지만 기적은 일어나지 않았다. 하루 후에 아이는 죽는 상황이었다. 그럼에도 남편은 동사무소로 달려간다. 자신과 아내 이름 한 글자씩을 따서 지은 이름 '윤진'으로 아이를 호적에 올린다. 그 이름이 적힌 주민등록등본을 가지고 돌아와서 인큐베이터 안에 있는 아이에게 보여 준다.

아무리 생각해도, 울면서 전화해 온 그 젊은 집사에게 내가 한순간의 망설임도 없이 영화 〈하루〉를 언급한 것은 이해할 수 없는 일이었다. 그것도 3년 전의 영화설교를 말이다. 더 놀라운 것은 그 집사 역시 그 설교를 기억하고 있었다는 것이다. 그뿐만 아니라 그 짧은 말에 어떤 의미가 담겨 있는지 알겠다는 반응을 보였다.

"목사님, 무슨 말씀인지 알겠어요."

이어서 내가 했던 이야기는 영화 〈하루〉에 나왔던 대사를 인용한 설교의 문장이었다. 놀랍게도 나는 3년 전의 그 설교를 기억하고 있었다. 마치 어제 한 설교처럼 기억이 났다. 그 집사에게 이렇게 말했다.

"하루를 살든 백 년을 살든 모두 아름다운 인생이며, 하나님의 섭리 가운데 있다."

사실 다른 설명을 보태지 않아도 되었다. 그 집사는 "영화 〈하루〉 기억하지?"라고 묻는 순간 이미 아이를 낳을 결심을 한 상태였다. 무려 3년 전에 들었던 설교임에도 불구하고 그 메시지가 강력한 기억으로 남아 있었던 것이다. 설교자인 나와 회중인 그 젊은 집사에게 동일하게 말이다. 더욱이 그렇게 빨리, 깊은 생각 없이 즉시로 결단할 수 있었다는 것도 참으로 놀라운 일이었다.

그렇다면 〈하루〉는 엄청나게 영향을 미쳤던 영화였을까? 그렇지는 않다. 엄청난 흥행을 일으켰던 영화가 아니다. 그뿐만 아니라 이 영화를 본 사람들이 모두 그 집사 같은 반응을 보이는 것도 아니다. 그렇다면 그 집사가 그렇게 결정한 이유는 무엇일까? 그것은 그 영화로 설교하면서 그 안에 복음을 불어넣었기 때문이다. 그 영화가 사람을 살리는 영화가 된 이유이다. 설교자의 설교를 통하여, 하나님이 그 영화를 사용하신 것이다.

인코딩된 하나님의 메시지

어떻게 이런 일이 가능했던 것일까? 평상시 생각하며 늘 되새김질했던 것도 아닌데 어떻게 이런 일이 가능했을까? 한 가지 분명한 것은 3년 전 영화설교의 내용이 그 집사나 내 안에 고스란히 남아 있었다는 점이다. 먼 기억이 아니라 바로 엊그제 들은 설교처럼 남아 있었다. 이런 일이 어떻게 가능한 것일까?

영화는 아무 생각 없이 만들어진 영상물이 아니다. 영화 속에는 감독(제작자)의 의도가 들어 있다. 예를 들어 우리 교회가 처음 만든 단편영화 〈버스〉(2010)를 연출하기도 한 장재현 감독은 천만 관객을 동원한 영화 〈파묘〉(2024)를 만들 때 자신의 의도들을 그 영화 속에 심어 놓았다고 말했다. 그 말은 그저 흥미를 유발하는 오컬트영화를 만든 것이 아니라는 의미이다. 그는 우리 교회의 열린예배에서 영화를 만드는 자신의 태도를 이렇게 고백했다.

> "우리나라 땅을 생각하면 온몸이 아픈 상처인 것 같다. 옛날부터 침략을 당해 트라우마가 많은 것 같다. 정신과 치료, 보살핌, 수술이 필요하단 생각이 들었고, 우리나라를 치료하는 마음으로 영화를 만들었다."

장 감독은 5년 동안 영화를 준비하면서 수많은 의도들을 암호화(인코딩)하여 영화 속에 심었다. 예를 들어 김화림, 윤봉길 등 극 중 인물들에 독립운동가 이름을 사용했다. 또 100원짜리 동전과 이순신 장군을 화면에 비춰 주고, 자동차 번호 역시 0301(삼일운동), 1945(광복 해), 0815(광복절) 등 사소한 것조차 상징화하여 독립운동의 기호들을 넣었다.

나는 편의상 이것을 '인코딩'이라고 표현한다. 원래 인코딩

(encoding)은 '암호로 바꾸다'라는 뜻을 가진 컴퓨터 용어로 정보를 컴퓨터 언어로 변환하는 것을 말하는데, 일반적인 언어가 아닌 암호의 형태를 띤다. 그리고 짝을 이루는 단어인 디코딩(decoding)은 반대로 암호를 이해할 수 있는 언어로 전환하는 것을 말한다. 이 용어를 영화에 적용하여 감독이나 제작자가 자기의도를 영화 속에 상징, 혹은 이미지 등으로 암호화하여 집어넣는다는 뜻으로 사용한다. 인코딩의 첫 번째 내용이다.

하지만 영화에는 단순히 감독과 제작자의 의도만 들어 있는것이 아니다. 감독이 의도하지 않았을지라도 시대라는 배경 안에서 영화가 만들어지는 까닭에, 한 영화에는 당연히 그 시대가 녹아들어 있다. 영화 〈파묘〉 역시 사과하지 않는 일본과 정신대 문제, 독도 문제 등 여전히 해결되지 않은 문제들을 오컬트영화로 풀고자 했음을 알 수 있다. 이 같은 과정에서 자연스럽게 시대정신이나 그 시대의 가치관, 세계관이 녹아들게 된다. 인코딩의 두 번째 내용이다.

나는 영화설교자로서 감독과 제작자의 의도, 그 시대의 정신 외에도 간과할 수 있는 점이 있음을 주의하는데, 그것은 어디에나 계신 하나님이 그 영화 속에도 숨어 계신다는 사실이다. 무소부재하신 하나님은 어디에나 계신다. 그분이 계시지 않은곳은 없다. 그럼에도 우리가 쉽게 발견할 수 없는 이유는 하나님이 영적으로 인코딩되어 있기 때문이다.

영화설교자의 역할은 영화 속에 담긴 하나님의 메시지, 곧 코드를 디코딩하여 회중들에게 해석하는 데 있다. 어떤 이들은 "기독교 영화라면 몰라도 세속 영화에서 하나님의 일하심을 찾을 수 있느냐"라고 말할지도 모른다. 하지만 한 가지는 확실하다. 내가 지난 25년 동안 800여 편의 영화로 설교하면서 경험한 것은 분명 하나님이 영화 속에도 계신다는 사실이다.

그런 의미에서 1990년대 낮은울타리 대표 신상언의 "사단은 대중문화를 선택했다"라는 주장에는 주의할 필요가 있다. 이는 지나치게 치우친 입장으로 한국 교회가 문화를 적대적으로 대하는 좋지 못한 경향을 이끌었다. 분명 인간의 죄성과 욕망, 죄 된 행위들을 예술이라는 이름으로 영화 속에 집어넣어 사단이 원하는 의도가 표현되는 경우도 있는 것이 사실이다. 그러나 그것이 대중문화의 전부인 것은 아니다. 그것은 창조 세계의 일부로 얼마든지 선용될 가능성이 열려 있다.

정리하자면 한 편의 영화에는 감독과 제작자의 의도, 그 시대의 세계관, 그리고 하나님의 일하심이 있을 뿐 아니라 사단이 원하는 의도도 숨어 있다. 그와 같은 것들이 각기 인코딩되어 영화 속에 담겨 있다.

디코딩으로서 설교

　한 가지 분명히 할 것이 있다. 영화설교의 일차적 관심은 감독의 의도가 아니다. 물론 영화를 만든 감독의 의도를 읽어 내서 무엇을 말하려는지 알아내고, 감독이 풀어놓은 많은 이미지들을 찾아내고, 그 영화 속에 의도적으로 넣으려고 한 가치, 정신들을 파악하는 일도 필요하다. 하지만 영화설교는 그것을 말해야 하는 건 아니다.

　영화설교에서 감독의 의도는 중요하지 않다. 더욱이 그가 기독교 세계관에서 벗어난 영화를 만들 수도 있기에 그 감독의 의도에 따라 설교자가 애써 영화를 해석할 필요는 없을 것이다. 그뿐만 아니라 그 시대의 시대정신을 설교에 담는 일이 그리 중요하지 않을 수 있다. 그 시대를 살아가는 사람들의 일상이나 가치관, 오늘을 잇는 예화로서 소통될 수 있겠지만, 그 이상 영화설교에서 적용하지 않아도 될 것이다.

　영화설교의 일차적 관심은 하나님이다. 영화 속에 숨어 계신 하나님을 찾아내고 그것을 성경으로 재해석하는 데 초점을 맞춰야 한다. 그 재해석된 내용을 설교를 통하여 다시 회중에게 전해야 하는데, 그때 영화 속에 인코딩된 장면이나 대사가 다시 디코딩 과정을 거치며 회중 안에 새롭게 인코딩되어 각인되는 일이 벌어진다. 이것이 영화설교의 핵심이다.

앞서 예를 들었던 영화 〈하루〉와 회중으로서 젊은 집사의 이야기를 보면 더 분명히 살펴볼 수 있다. 그 집사는 어려운 상황을 맞닥뜨렸을 때 무려 3년 전에 들었던 설교를 기억해 냈다. 나아가 놀라운 결정을 했는데, 이는 다시 재해석되어 말씀이 인코딩된 '하루'라는 단어 때문이었다. 그렇다면 어떻게 재해석되어 그 집사에게 인코딩된 것일까?

당시 〈하루〉 영화설교의 일부분을 살펴보자. 마태복음 6장 26~34절이 본문이었고, 설교 제목은 '단 하루를 살지라도'였다.

장난감 회사에 다니는 석윤과 디자이너인 진원, 서로 대학 시절부터 사랑하여 결혼을 했습니다. 만족할 만한 생활. 그런데 두 사람 사이에는 문제가 있었는데 결혼한 지 6년이 지났는데도 아이가 없는 것이었습니다. 벌써 세 차례나 인공수정을 시도했지만 실패했고, 마지막으로 한 번 더 시도한 끝에 임신을 하게 됩니다. 그것은 마치 단비와도 같은 엄청난 기쁨이었습니다.

아이를 가졌지만 그 기쁨은 오래가지 않았습니다. 태중의 아이에게 문제가 있었습니다. 뇌가 없는 상태였습니다. 무뇌증. 만일 태어나더라도 하루밖에 살 수 없는, 실제는 죽은 것과 다름없는 아이였습니다. 이 사실을 발견하자마자 의사는 낙태를 권면했고, 남편 석윤도 아내 진원에게 낙태하자고 설득했습니다. 하루밖에 살지 못하는 그 아이가 의미 없어 보였고, 더 큰 고통, 손해만 가중될 것임에 틀림이 없다고 생각한 것입니다.

우리 역시 이런 경우 낙태에 쉽게 동의합니다. 특히 원하지 않는 임신을 한 경우에도 낙태를 합니다. 그때는 슬그머니 사회가 혹은 가족들이 합리화시켜 줍니다. 그러므로 이 경우 낙태는 매우 당연했습니다. 더욱이 태어나자마자 하루 만에 죽게 될 아이를 초기에 낙태하는 것은 산모를 위해서도 바람직한 일이었습니다.

그런데 엄마 진원이 아이를 낳겠다는 것입니다. 단 하루밖에 살 수 없는 아이를 말입니다. 오히려 아내는 남편을 설득합니다. 남편을 설득하면서 진원이 말하던 대사가 가슴을 아리게 합니다.

"우리는 아이를 원했던 거지. 그 아이가 어떤 아이이길 바랐던 것은 아니잖아. 우리 도망치지 말자. 희망이 있을 수 있잖아. 그 아이가 단 하루를 살다 가더라도 감사할래. 부탁해. 나 좀 도와줘."

엄마 진원이 말하는 대사에 나오는 "단 하루를 살다 가더라도"의 '하루'는 영화의 타이틀인 동시에 설교로 들어가는 매우 중요한 진입 코드였다. 이 단어를 접하며 설교자인 나에게 떠올랐던 말씀은 마태복음 6장 30절이었다. 나는 이어서 설교했다.

전혀 관심도 갖지 않는 들풀을 예로 드셨습니다. 그것도 베어져서 내일은 아궁이에 던져질 신세의 하찮은 들풀을 예로 꺼내셨습니다.

"오늘 있다가 내일 아궁이에 던져지는 들풀도 하나님이 이렇게 입히시거든 하물며 너희일까 보냐 믿음이 작은 자들아"(마 6:30)

하루밖에 살지 못하는 들풀, 오늘은 백합화지만 내일은 하찮은 들풀이 되는 존재같이 허망해 보일지라도 하나님은 그렇게 여기지 않으신다는 뜻입니다. 하루라도 귀하다는 뜻인 겁니다. 정확히 말해서 그 꽃의 존재가 아름답다는 뜻입니다.

이 말을 하시면서 주님께서 덧붙이신 "하물며 너희일까 보냐 믿음이 작은 자들아"라는 말씀이 중요합니다. 주님은 지금 존재의 가치를 말하고 있기 때문입니다. 하루를 사는가 백 년을 사는가의 문제가 아니라 우리 존재 자체가 귀하다는 뜻이기 때문입니다.

이와 동시에 십자가상의 강도도 말씀과 연결되어 다시 해석되었다. 그 강도가 하나님의 자녀로 살았던 시간은 불과 몇 시간에 지나지 않았다는 깨달음이었다. 그가 "예수여 당신의 나라에 임하실 때에 나를 기억하소서"(눅 23:42)라고 고백하자 주님은 "오늘 네가 나와 함께 낙원에 있으리라"(눅 23:43)라고 말씀하셨다. 바로 그 순간부터 죽음에 이를 때까지 단 몇 시간뿐이었다. 어쩌면 그 강도는 '하루'를 산 것이 아니라 불과 '몇 시간'을 산 것인지도 모른다는 깨달음이 왔다. 이어진 설교다.

이 놀라운 비밀을 확증하신 것은 십자가 위에서였습니다. 십자가에 달린 한 강도가 예수 그리스도를 인정하면서 자신을 기억해 달라고 부탁했을 때였습니다. 용서해 달라는 말이 아니었습니다. 새롭게 시작하겠다는 말도 아니었습니다. 그냥 대책 없는 끝에 다다른 존재였기 때문입니다. 그 강도가 할 수 있는 것은 아무것도 없었습니다. 그저 죽는 것만 남아 있었습니다. 그래서 '구원해 달라'가 아니라 '기억해 달라'는 말을 한 것입니다. 그런데 그에게 주님이 신속하게 선포하셨습니다.

"예수께서 이르시되 내가 진실로 네게 이르노니 오늘 네가 나와 함께 낙원에 있으리라 하시니라"(눅 23:43)

(중략) 왜 주님은 그렇게 신속하게 반응하신 것입니까? 단 하루도 살 수 없는 강도에게 왜 이렇게 소모적으로 사랑을 낭비하신 것입니까? 백 년 동안 사랑받았어야 할 존재인 그가 뒤늦게 받아들인 순간 그에게 남은 시간이 몇 시간 되지 않기에 백 년의 사랑으로 그 강도를 사랑하신 것입니다. 구원을 과도하게 베푸신 것처럼 보이는 이유입니다.

하루든 백 년이든 시간의 문제 혹은 효용성의 문제가 아니라 존재의 문제이기 때문입니다. 엄마 진원이 하루밖에 살 수 없는 아이를 낳고자 하는 이유입니다. 영화는 아름답습니다. 아빠 석윤도 그 아름다운 가치를 알고 행동하기 때문입니다.

영화설교 수업

아이를 낳았을 때입니다. 아빠 석윤이 달려간 곳은 동사무소였습니다. 그는 두 사람의 이름을 따서 정한 '윤진'이란 이름으로 출생신고를 합니다. 그는 아이를 자신의 호적에 올려 이름이 기록된 주민등록등본을 가지고 돌아옵니다. 하루밖에 살 수 없지만 그 아이의 이름이 들어 있는 등본을 들고 인큐베이터에 있는 아이 앞에 서는 것은 당연한 것이었습니다. 하루를 살든 백 년을 살든 그들의 자식이었기 때문입니다.

말로만 듣는 것과 달리 영화 클립 한 장면 한 장면을 보면서 들은, 성경으로 해석된 메시지는 놀랍게도 영화와 함께 그 집사 안에 인코딩되었다. 당장 삶에 적용할 일이 아니더라도 자신도 모르게 내재되는 '말씀'이었다.

놀랍게도 이렇게 인코딩된 영화의 스토리, 중요한 장면, 단어와 문장들은 해석된 말씀과 함께 내면에 남게 된다. 내용이 차곡차곡 쌓이는 '스크립트(script)' 현상이다. 예를 들어 '하루' '기형적 아이' '시험관' '강도' '십자가'는 물론 거기에 출연했던 배우인 '고소영' '이성재'까지 영화 〈하루〉를 통한 메시지가 자연스럽게 새로운 스크립트로 쌓이면서 마음 안에 어떤 대본이 자리잡게 된다.

그 집사가 〈하루〉와 유사한 상황을 만났을 때, 내가 끄집어낸 '하루'라는 말이 그 영화설교를 기억하게 했다. 그 집사 안에 인코딩되었던 '하루'라는 단어가 디코딩 과정을 거쳐 암호가 풀리게 되었으며, 자연스레 어떻게 반응해야 할지 스크립트가 읽혀졌다. 마치 어떤 준비된 매뉴얼처럼 말이다.

하지만 이런 일이 인간의 노력만으로 일어나는 것은 아니다. 영화를 말씀으로 해석하고, 전달하고, 기억해 내는 그 모든 과정에 성령의 역사가 있었음을 잊지 말아야 한다. 아무리 말솜씨 좋은 이가 좋은 영화를 선택해서 설교를 하더라도, 성령이 역사하지 않는다면 아무 소용이 없다.

설교자가 중요하다

영화설교를 준비하기 위해서는 기본 자료인 영화를 분석하고 해석해야 한다. 하지만 더 중요한 것은 그 영화의 어떤 요소를 어떻게 성경 말씀으로 풀고 다시 해석하여 회중에게 인코딩할 것인가이다. 설교자는 주관적 관객이자 동시에 객관화된 메시지의 제공자인 셈이다. 영화설교에서 무엇보다 중요한 요소가 '성령의 감동'이어야 하는 이유다.

특히 영화설교는 설교자 자신의 문해력이 중요하다. 영화설교를 시도하는 목회자 대다수의 고민처럼, 그 영화에 대해 별도의 정리된 설교 자료가 없다. 세속 영화의 경우 말씀에 비추어

재해석해야 하는데, 설교자 스스로 영화를 보고, 성경으로 풀고, 해석해 내야 한다.

그러므로 무엇보다 설교자 자신이 성경에 대한 정확한 이해와 하나님의 뜻을 헤아리는 영성과 영화적 상상력의 기초 지식이 있어야 한다. 영화설교에 실패하는 이유는 이 같은 전인적 영성을 지니지 못한 채 섣불리 영화를 해석하려 하기 때문이다. 그렇다면 하나님의 일하심을 발견하지 못하거나, 그때그때 영화가 주는 흥미와 재미 위주의 의도에 끌려가게 된다.

어쩌면 이렇게 물을지 모른다.

"설교자도 연약한 인간이 아닙니까? 어떻게 완벽할 수 있습니까?"

분명 하나님의 말씀은 거룩하다. 더럽혀진 인간에 의해서 그 말씀이 선포될 때, 과연 '하나님의 말씀으로 드러나는가' 하는 문제가 발생한다. 이를 두고 독일 신학자 게하르트 에벨링 역시 중요한 것은 "말씀의 성격이나 문제가 아니라 말씀의 참된 발설자(speaker)가 누구냐의 문제이다. 즉 참되신 하나님과 거짓말 잘하는 인간의 문제이다"[10]라고 지적했다. 설교자가 왜곡된 이해와 목적을 품고 설교한다면 그 결과는 분명 왜곡된 신앙을 드러내는 일이 될 것임에 틀림이 없다.

---

10) G. Ebeling, 『Word and Faith』, SCM Press, 312~313.

설교자는 말씀을 담지해야 한다. 영화를 해석하는 것보다 중요한 것은 설교자가 말씀의 사람이어야 한다는 것이다. 하나님의 말씀을 전하는 것이니 당연한 일 아닌가? 여기서 말씀의 사람이란, 두말할 것도 없이 말씀을 듣는 자를 말한다. 성경 말씀 속에서 하나님의 음성을 듣는 자여야 한다. 영화설교를 위해서 설교자는 언제나 주의 말씀을 주야로 묵상하는 묵상가여야 한다. 이것이 설교자의 기본기이다.

마틴 루터는 "성경은 스스로 해석한다"[11]라고 했다. 그런 까닭에 설교자 자신이 말씀에 푹 젖어 있으면 그에 합당한 해석이 자연스레 나온다. 에벨링이 말한 '말씀 사건'이 설교자 안에 일어날 수밖에 없다. 나 역시 25년 동안 영화설교를 하면서 경험하게 된 것은 어떤 자료 없이도 영화를 보는 순간 하나님의 말씀이 내 안에서 반응했다는 사실이다.

영화설교를 하는 것보다 더 중요한 것은 성경의 사람이 되는 것이다. 거기에 더하여 복음적으로 영화를 해석할 수 있는 신학적 지식과 인문학적 소양을 갖추어야 한다. 물론 성령의 음성에 민감한 설교자여야 한다는 사실은 아무리 강조해도 지나치지 않다. 이런 점에서 영화설교의 문제는 설교의 문제가 아니라 말하는 자 곧 설교자에게 달려 있다.

---

11) James M. Boice, Foundations of the Christian Faith, InterVarsity Press, 48.

깊이 교통하는 설교자

반복해서 강조하지만 영화설교에서 우선순위는 하나님과 깊은 영적 교통을 하고 있는 경건한 설교자에게 있다. 설교자는 하나님의 음성을 듣고 전하는 통로이기 때문이다. 감독이 영화에 어떤 의도를 담았는지와 관계없이, 하나님은 이 세상에 존재하는 모든 것을 사용하여 하나님의 뜻을 드러내시는 동시에 사람을 통하여 일하신다. 그래서 영화설교에서 경건한 설교자는 중요한 요소가 될 수밖에 없다.

마태복음 16장에는 가이사랴 빌립보에서 주님과 제자들이 대화하는 장면이 나온다. 그 자리에서 베드로는 하나님이 말씀하시는 통로가 되어 "바요나 시몬아 네가 복이 있도다"(마 16:16)라는 축복을 받았지만, 동시에 사단의 계략을 전하는 통로가 되어 "너는 나를 넘어지게 하는 자"(마 16:23)라는 말씀도 들었다. 그러므로 영적으로 민감하고 경건한 설교자만이 영화설교로 아무런 어려움 없이 교통하는 하나님을 전할 수 있다. 영화설교는 어떤 기술이 아니다.

지금도 생각하면 뒷골이 서늘해진다. 그 젊은 집사와 통화하면서 내가 꺼낸 "영화 〈하루〉 기억하지?"라는 말 때문이다. 이것이 나의 지혜인가? 그렇지 않다. 그날 가이사랴 빌립보에서 베드로에게 속삭이셨던 하나님의 음성과 같은 것이 내게도 임했다고 고백하지 않을 수 없다.

통화 이후 하나님의 개입은 계속되었다. 나의 이야기를 듣고 그 집사가 아이를 낳기로 결정했기 때문이다. 전에 그 집사의 첫째 아이 이름을 내가 지어 준 터라 임신 중인 둘째 역시 이미 '신기'라는 이름을 정해 둔 상태였다.

그런데 아이를 출산할 날이 가까워 오자 위험한 상상이 그려지기 시작했다. 태아의 심장에 혹이 있어도 엄마 배 속에 있으니까 안전할 수 있지만, 세상에 나오는 순간 호흡에 문제가 생길 것이라는 병원의 주치의 진단 때문이었다. 만일 자가호흡을 하지 못하면 외과적 수술이 시급한 상황이 될 게 뻔했다.

그 상황에서 하나님이 목사인 나에게 주신 마음은 더 강한 담대함이었다. 하나님이 나보다 더 앞서가시며 이끄신다는 믿음이었다. 처음 지었던 아이 이름 '신기'를 버리고 새로운 이름을 다시 지었다. 부부의 아이의 이름은 '혁'이었다. 하나님이 주신 감동의 결과였다. 당시 나는 이렇게 써 주었다.

강혁(革, 가죽, 갑주, 투구), 하나님이 너의 전신갑주이시다.
"하나님의 전신 갑주를 취하라 이는 악한 날에 너희가 능히 대적하고 모든 일을 행한 후에 서기 위함이라"(엡 6:13)

그 이름의 뜻대로 하나님의 보호하심 속에 아이가 강건하게 자라기를 바랐다. 간절한 기도와 기대 속에, 드디어 분만 수술이 2006년 2월 15일로 정해졌다. 그때 교회 홈페이지에 올렸던 긴급 공지 내용이다.

[긴급/하 목사] 심각하게 기도합시다. 수술 날짜가 변경됐어요.

아이 분만을 위해 수술합니다. 아이의 심장 상태가 안 좋기 때문에 매우 위험한 수술입니다. 분만 수술 후 바로 내과, 외과, 산부인과가 협력해서 신생아 심장 수술이 진행되기 때문입니다. 우리의 기도가 필요합니다. 그리고 혈액도 필요합니다. O형 3명은 이미 우리 교회 전도사님들이 신청하셨고 A형 3명을 급히 구합니다. 아래 댓글 부탁합니다.

그때부터 우리는 기적을 체험하기 시작했다. 우선 혁이가 이 세상에 나온 순간부터 스스로 숨을 쉬었다. 자기 가슴으로 숨을 쉬어 세상을 살고자 했다. 그날 세브란스 병원에서 기다리던 내가 교회 리더들에게 보낸 문자를 지금도 잊을 수 없다.

"기뻐해 주세요. 혁이가 스스로 숨을 쉬어요."

물론 아이의 건강 상태가 완벽한 것은 아니었다. 혁이는 언제나 주의하며 관찰해야 하는 대상이었다. 조금만 열이 생겨도 병원에 바로 가야 했다. 그러던 어느 날부터 금요일 혹은 토요

일이면 열이 40도까지 올라갔고, 그길로 병원에 입원하여 항생제를 맞고 회복한 뒤 월요일이나 화요일에 퇴원하는 일이 반복되었다. 그러니 주일에 교회 오는 것이 불가능해졌다. 두 달에 한 번 정도 교회에 나오는 상황이 되고 말았다.

엄마인 집사가 기도를 부탁한다며 찾아왔다. 처음에는 그 말을 듣고 어리둥절했다. 그동안 늘 기도하고 있었는데, 교회 리더들과 함께 기도했는데, 그런데도 더 기도해 달라니 무슨 일인지 싶었다.

"늘 기도하고 있는데⋯."

"아니요. 목사님, 안수기도요."

나에게 신유 은사가 있던 것도 아닌데, 안수기도 요청에 적지 않게 놀랐다. 하지만 그것은 선택 사항이 아니었다. 할 수 있고 없고의 문제도 아니었다. 나는 간절한 마음을 담아 아이에게 안수기도를 했다.

그런데 그때부터 다시 놀라운 일이 벌어졌다. 안수기도 후 혁이가 전과 반대로 두 달에 한 번 병원에 가게 되었고, 주일에는 늘 교회에 출석할 수 있게 된 것이다. 그런 까닭에 교회를 오면 반드시 내게 기도를 받은 후에야 집으로 돌아가곤 했다.

이런 일이 반복되자 다른 임산부들과 영유아 부모들도 기도를 요청하는 일이 늘기 시작했다. 한두 가정이 아니었기에 우리 교회는 아예 모든 임산부와 아이들을 위해 기도하기로 결정했다. 11시 예배를 시작하며 아이들과 산모들을 위한 안수기도 시간을 갖게 된 것이다.

1년 넘게 지속된 이 기도 시간은 이제 예배 시간이 아닌 아기 예배실, 유치부실로 찾아가서 기도하는 것으로 바뀌었지만 여전히 계속되고 있다. 교회를 하나로 묶어 주는 좋은 기도의 전통이 되었다. 그리고 그 아이, 혁이는 지금 과학고등학교 졸업을 앞둔 건강한 청년으로 성장했다. 최근 지방선거에 생애 처음 선거를 했다고 자랑하며 교회에 왔던 모습이 생각난다. 영화 〈하루〉 설교가 우리 교회에 가져다준 기적이었다.

Chapter 3

종

영화설교의

여섯 가지 유익

벌써 여러 해 전 뉴질랜드의 어느 교회에서 영화설교를 할 때였다. 영화설교를 못마땅하게 여긴 한 집사가 마침 대표기도를 하면서 영화로 설교하는 것을 빗대어 "쓰레기를 뒤적이는 행위"라고 말했다. 그 말을 듣고 내 기분이 상했을까? 그렇지 않다. 사실 나도 그 말에 전적으로 동의했다.

대중문화와 위험한 영화

내가 영화를 사용해서 설교하는 것은 영화가 거룩한 소재이기 때문이 아니다. 영화로만 하나님의 말씀을 전할 수 있기 때문도 아니다. 그렇다면 나는 왜 그 집사의 말대로 쓰레기 더미를 뒤적이는가? 왜 그 쓰레기를 가지고 설교의 자료로 사용하고 있는 것인가? 그 이유는 단 하나다. 바로 '영향력' 때문이다.

이미 천만 관객을 동원하는 영화가 수시로 생겨나고 있다. 수많은 사람들이 영화를 보고 있다는 말이다. 교회는 그동안 이 같은 영화와 미디어를 부정적으로만 여겨 왔다. 그럼에도 '천만 영화'는 나온다. 당연히 교회가 쓰레기처럼 여기는, 쓰레기 같은 영화를 크리스천들을 포함한 많은 사람들이 마구 먹는다는 뜻이다. 어떤 소독 행위도 없이 그냥 먹고 있다 할 수 있다. 적절한 미디어 교육조차 이루어지고 있지 않는 까닭에 그 영향력이 얼마나 클지 상상하기 힘들 정도다.

기독교 윤리학자 리처드 니버는 『그리스도와 문화』에서 기독교와 문화의 관계를 다섯 가지 유형으로 나누어 설명했다.[12] 오랜 시간 교회는 그중에서도 문화와 대립하는, 적대적인 태도(against culture)를 취해 왔다. 세상의 문화를 악하고 더러운 것으로, 피하고 배척해야 할 것으로 인식한 것이다. 베를린예술대학의 교수 한병철의 표현을 빌리자면 '타자성 자체를 면역 방어의 대상'으로 본 것이다.[13]

교회는 밖으로부터 오는 공격에서 자신을 보호하고자 했다.

---

12) 리처드 니버, 『그리스도와 문화』, IVP, 55~69.
13) 한병철, 『피로사회』, 문학과지성사, 12.

"사단이 대중문화를 선택했다"라는 구호가 말하는 것처럼, 대중문화를 멀리하고 배척했다. 이런 운동(안티 뉴에이지 등)은 일시적으로 성공한 것처럼 보이기도 했다. 하지만 21세기에 도래한 포스트모던 사회의 다원주의 경향과 함께 인터넷 발전을 통한 엄청난 정보의 홍수는 절대성을 상실하게 했고, 다양성을 당연한 것으로 만들었다. 어떤 것도 함부로 부정하기 힘들게 되었고, 모든 것을 긍정해야만 하는 시대에 들어섰다.

그때부터 면역 방어 대상으로서의 타자성은 의미 없게 되었다. 당연히 그동안 교회가 견지해 왔던 분리와 타자성, 특히 이단, 세속화, 물질, 대중문화는 교회가 추구해야 할 면역 방어 대상에서 벗어나 버렸다. 오히려 그것들은 면역의 대상이 아니라 긍정하고 받아들여야 할 대상이 되었다. 면역 방어 대상으로서의 타자성이 소멸되고 말았다.

안타까운 점은 교회가 대중문화를 멀리하는 사이에 세상이 그것을 독점하기 시작했다는 것이다. 당연히 영화에도 엄청난 투자가 아낌없이 이루어졌다. 이미 할리우드 영화의 경우 제작비가 1억 불을 넘는 게 허다하고, 한국도 제작비가 500억 원이 넘는 영화가 만들어지고 있다. 이 엄청난 투자의 목적은 작품성을 염두에 두더라도 수익성이 더 큰 목적이 되는 까닭에 더 선정적이고 더 폭력적인 내용, 더 자극적인 연출들이 난무하는 장면을 만들어 냈다. 그런 영화들이 수백만의 관객을 동원하기도

한다.

그뿐만 아니라 흥행 영화들이 말해 주듯이 자본을 중심으로 한 세상의 전략은 그동안 견고하게 여겼던 모든 사회적 장벽들을 무너뜨리기 시작했다. 예를 들어 그동안 교회가 면역 대상으로 보았던 동성애, 자살 등 주의해야 할 현상에서부터 이단, 세속화, 다른 도그마, 성공주의까지 면역의 대상이 아니라 이해할 만한 것으로, 혹은 받아들여도 되는 것으로 여겨지게 되었다. 과거에는 죄로 인정되었던 것들을 더 이상 죄로 규정할 수 없게 된 것이다.

일부 교회가 한동안 그런 흐름과 경향을 거부하며 몸부림치기도 해 보았지만 새로운 세상 문화의 흐름을 막을 수는 없었다. 도리어 대다수 교회가 많은 관심과 투자가 필요한 대중문화를 포기했다. 그리고 이제 우리가 목도하는 것처럼, 세상 문화는 철저히 이익을 창출하기 위한 영화들을 만들기 시작했고 천만 관객 시대를 이루어 냈다.

이것은 단순한 내용이 아니다. 대중문화의 영향력은 세상을 사는 크리스천과 교회에도 자연스럽게 스며들고 있다. 우리나라에서 천만 관객을 동원했다는 말은 기독교인들도 예외 없이 영화를 보고 있다는 뜻이다. 그런 영화들이 한두 편이 아니라 무수히 쏟아지고 있다. 일반화되었다는 이야기다. 도끼로 머리를 쪼개고, 신체를 잘라 내는 장면이 천만 관객 영화에 등장해도 미성년자가 볼 수 있는 등급으로 판정받기에 이르렀다. 그만큼 익숙해졌다는 이야기다.

어쩌면 이미 게임은 끝났는지도 모른다. 세상의 문화란 모든 사람이 누리는 문화인 까닭에 그 문화의 영향을 교회가 받을 수밖에 없다. 이미 당연한 일이 되었다. 이처럼 거의 무방비 상태로 영향을 받고 있지만 달리 어찌할 방법이 없는 상황을 마주했다.

바울의 방법, 그리스도의 길

이제 어떻게 해야 하는가? 사실 이런 문제는 오늘날만 있는 것은 아니다. 이미 초대 교회 시절에도 믿음과 문화, 복음과 세상의 간극은 있었다. 당시 크리스천들 역시 '팍스 로마나(Pax Romana)' 세상에서 세상 문화를 거절할 수 없었다. 방대한 헬라 세계, 철학과 이방 종교, 지역과 계층과 성별 차이 등 다양한 문화적 충돌 앞에 교회는 놓여 있었다.

이 같은 문제가 중요한 것은 복음 때문이다. 단순히 면역의 대상으로 세상을 대할 수 없기 때문이다. 사도 바울은 그런 세상의 한복판에 있는 사람이었다. 단순히 유대인만의 기독교가 아니라 사마리아와 땅끝까지 전해야 할 복음이었기에, 배타적인 태도를 가지고 우리만의 교회로 제한할 수 없었다. 그때 바울이 본 것은 그리스도 예수의 성육신 사건이었다.

> "그는 근본 하나님의 본체시나 하나님과 동등됨을 취할 것으로 여기지 아니하시고 오히려 자기를 비워 종의 형체를 가지사 사람들과 같이 되셨고 사람의 모양으로 나타나사 자기를 낮추시고 죽기까지 복종하셨으니 곧 십자가에 죽으심이라"(빌 2:6~8)

빌립보서에서 바울은 종의 형체를 가지신 그리스도에 대해 전한다. 그는 모든 죄인을 대신하여 저주받아 죽으신 그리스도 예수의 십자가 사건의 초점이 바로 자기 비움(케노시스)에 있다는 사실을 깨달았다. 그 순간 바울의 태도는 분명해졌다. 그 대상이 누구이든지 복음을 전하기 위해서는 자기를 비우겠다는 것이다.

> "19내가 모든 사람에게서 자유로우나 스스로 모든 사람에게 종이 된 것은 더 많은 사람을 얻고자 함이라 21율법 없는 자에게는 내가 하나님께는 율법 없는 자가 아니요 도리어 그리스도의 율법 아래에 있는 자이나 율법 없는 자와 같이 된 것은 율법 없는 자들을 얻고자 함이라 22약한 자들에게 내가 약한

자와 같이 된 것은 약한 자들을 얻고자 함이요 내가 여러 사람
에게 여러 모습이 된 것은 아무쪼록 몇 사람이라도 구원하고
자 함이니 23내가 복음을 위하여 모든 것을 행함은 복음에 참
여하고자 함이라"(고전 9:19, 21~23)

"여러 사람에게 여러 모습"이 되는 것이 바울이 선택한 방법
이었다. 사람들이 그를 카멜레온이라고, 이랬다저랬다 한다고,
원칙이 없다고 비난하더라도 바울은 상관치 않았다. 심지어 유
대인들이 가장 싫어하는 정결한 것과 부정한 것을 섞어서 먹는
일도 괘념치 않았다. "아무쪼록 몇 사람이라도 구원하고자 함"
이라고 말하고 있는 것에서 알 수 있듯이, 그는 하나님이 구원
하기 원하시는 사람에게 집중했다. 사람을 구할 수만 있다면
무엇이든지 하겠다는 것이다.

거슬러 올라가면 하나님이 보내신 독생자 예수도 그렇게 사
셨다. 그래서 "세리와 죄인의 친구"(마 11:19)라고 불리셨다. 그리
스도를 따르는 바울은 바로 그 길을 택한 것이다. 무엇보다 복
음 때문이었다. 복음이 그를 자유롭게 했고, 그 자유로움을 어
디서나 누구에게나 복음을 전하는 계기로 삼았다.

물론 그러기 위해서는 성경뿐 아니라 세상에 대해서도 잘
알아야 한다. 복음의 순수성을 잃지 않으면서도 세상 문화를
선용하는 지혜가 있어야 한다. 그렇지 않으면 주객이 전도될

수 있기 때문이다. 그래서 20세기 대표적 신학자 칼 바르트는 기독교인들이 "한 손에는 신문을, 다른 손에는 성경을"[14] 가져야 한다고 말했다.

복음의 도구로서 여섯 가지 유익

여기까지 이야기를 나누고 나면 어떤 이는 이렇게 말할지도 모른다.

"그렇다면 차라리 기독교 세계관을 가진 좋은 기독교 영화를 만들면 되는 거 아닌가?"

물론 그런 시도를 해야 한다. 교회가 영화에 관심을 갖고 투자해야 한다. 하지만 지금 상황은 이미 세속 영화가 세상의 주류가 되었고 기독교 영화는 그 하위문화에 위치한 것이 사실이다. 그만큼 영향력이 적다는 뜻이고, 일부 기독교인들에게만 한정되었다는 말이기도 하다. 더 이상 기독교 영화로 비신자들에게 복음을 전할 수 없을 정도로 통로가 협소해졌다.

이런 점에서 영화설교에 세속 영화를 사용하는 일은 중요하다. 영화는 이 시대의 지배적 대중문화이기에 만약 복음의 도구

---

14) 존 스토트, 그레그 샤프, 『존 스토트의 설교』, IVP, 27.

로 쓰일 수만 있다면 큰 영향력을 발휘할 것이기 때문이다. 그 뿐만 아니라 위험한 영화를 어떤 대책도 없이 다음 세대와 기독교인들이 접하도록 그냥 둘 수도 없는 노릇이다. 미디어 교육의 관점에서도 영화설교는 의미가 있다.

생각 없이 마구 먹는 음식들이 우리 몸을 헤치는 것처럼, 생각 없이 보는 영화들이 어느덧 우리의 정신을 해롭게 하고 있다. 영화설교는 설령 쓰레기 같은 메시지와 장면을 담고 있는 영화라 할지라도 최소한 먹을 수 있도록 다시 정제하는 역할을 할 수 있다. 영화설교를 듣는 교인들에게는 일종의 영화 관람에 있어서 필터가 생기게 된다. 무비판적으로 보던 영화를 향해 "예수님은 어떻게 생각하실까?"라는 질문을 던지게 만든다. 자연스럽게 복음적 미디어 교육이 이뤄지는 것이다. 이것이 영화설교의 첫 번째 유익이다.

앞에서 언급한 것처럼 하나님이 계시지 않은 곳은 없다. 하나님은 영화 안에도 계신다. 지난 25년 동안 800편 가까운 세속 영화로 설교를 해 오면서 나는 그것을 경험했다. 하나님이 계시지 않은 곳은 없었다. 감독이 신앙적인 목적으로 만들지 않았고 그런 의도도 없던 영화 속에도 분명 하나님은 계셨고 그 내용을 통해 일하셨다.

영화로 대표되는 대중문화에 익숙한 세대들에게 교회 생

활 특히 설교는 흥미를 주기가 어렵다. 영화는 빠른 속도로 진화하고 발전하고 있는 반면 목사의 설교는 태생적 한계를 갖고 있다. 이때 영화설교는 놀라운 역할을 할 수 있다. 바로 세상과의 접촉점, 특히 어린아이들을 비롯하여 청소년, 청년, 그리고 장년 세대까지 만남의 도구가 된다.

영화설교는 대중이 열광하는 영화를 클립으로 사용하여 설교하는 까닭에 바로 그 세대에 접근하기가 쉬워진다. 교회와 설교가 고리타분하다고 느끼는 비신자 청년들을 영화설교의 자리로 초청해 보자. 영향이 있을 것이다. 그 어떤 전도지보다 흥미로울 것이다.

특히 요즘 영화들은 몇 백억 원의 투자가 이루어진 퀄리티 높은 작품들이 많기에 설교를 위한 도구로 제대로 활용할 수만 있다면 그만한 것도 없다. 단지 그 영화에서 회중을 설득할 만큼 깊은 메시지를 길어 올릴 수 있는가에 달렸다. 그것이 가능하다면 누구나 시도해 볼 수 있다. 큰 자본을 들여 만든 영화를 설교 자료로 사용하다니 얼마나 효과적인가? 이것이 영화설교의 두 번째 유익이다.

이동원 목사는 『청중을 깨우는 강해설교』에서 칼 라너의 이야기를 인용하여 설교의 위기를 진단했다.

많은 사람들이 교회를 떠나가는 것은 강단으로부터 흘러나오는 말들이 그들에게 아무런 의미를 갖지 못하기 때문이다. 설교는 그들 자신의 생활과 아무런 관련이 없으며, 그들을 위협하고 있는 많은 문제들을 설교자들의 설교가 그냥 지나치고 있기 때문이다.[15]

한마디로 말해서 설교가 회중의 삶과 분리되고 단절되어 있다는 것이다. 그런 의미에서 영화설교는 중요하다. 회중들이 살고 있는 삶의 정황을 가장 정확하게 보여 주는 그 시대 영화의 콘텍스트로 설교를 접근하기 때문이다.

이처럼 영화를 사용하는 까닭에 나는 아직도 청소년과 청년 세대에 말씀을 전하는 사역을 하고 있다. 65세라는 물리적 나이는 분명 세대 차이와 소통의 한계로 작용하지만, 그들이 보는 영화 클립을 사용하는 순간 그 장벽이 쉬이 사라지는 것을 경험한다.

청소년들이 좋아하는 〈탑건 매버릭〉(2022) 〈더 퍼스트 슬램덩크〉(2023) 등의 영화 클립으로 접근하는 순간 그들은 나의 설교에 집중한다. 어린아이들과 함께하는 가족예배에서 〈엔칸토: 마법의 세계〉(2021) 〈니모를 찾아서〉(2003) 〈쿵푸 팬더〉(2008) 등

———— 15) 이동원, 『청중을 깨우는 강해설교』 요단출판사, 16.

으로 설교하는 순간 그들도 같은 반응을 보였다. 순식간에 장벽이 무너지는 것을 경험했다. 영화가 탁월한 접촉점이 된 것이다. 이것이 영화설교의 세 번째 유익이다.

무엇보다 목사로서 강조하는 영화설교의 네 번째 유익은 누구나 공평한 설교자로 서게 한다는 것이다. 보통 설교를 잘한다는 목사들은 레토릭이 특별히 탁월하거나 적절한 유머와 제스처를 구사하는 능력이 뛰어나다. 본문에 대한 해석이 탁월한 경우보다는 주변적인 요소에 의해 많이 좌우되는 것이다.

그런 의미에서 영화설교는 공평하다. 대단한 레토릭을 구사하지 못해도 되고, 특별한 유머나 제스처가 없어도 된다. 그 어떤 부흥사나 설교자의 말보다 영화는 더 재미있고 더 강력한 흡입력을 갖고 있기 때문이다. 그 바탕 위에서 목사는 성경 본문에 대한 정확한 해석과 함께 메시지를 전하면 된다. 여전히 내가 어린이, 청소년, 청년 설교자로 활동하는 것을 보면 알 수 있지 않은가?

다섯 번째로 영화설교는 교회 공동체적으로도 유익하다. 나는 25년 전에 영화설교를 처음 시작했다. 영화예배 컨퍼런스를 열었고, 감리교신학대학교와 서울신학대학교 등에서 영화설교를 가르쳤다. 또 코스타를 비롯한 거의 모든 청소년, 청년 집회에서 영화설교를 해 왔다. 오랜 시간 동안 많은 은혜와 감동을 체험했다. 하지만 실제로 영화설교가 많이 알려지지는 않았다. 왜 그럴까? 그 이유는 저작권 때문이다.

영화는 저작권이 적용되는 영상저작물이다. 학교의 교육 목적이나 교회의 종교 목적으로 제한된 공간에서 일부가 쓰이는 것은 그렇게 문제를 삼지 않지만, 유튜브 등을 활용해서 인터넷으로 공개하는 것은 안 된다. 그런 까닭에 영화설교는 직접 현장에 와서 오프라인으로만 들어야 하는 제약이 있다.

그런데 이것이 교회로 볼 때는 매우 유익하다. 온라인 예배가 활성화되고, 오프라인 모임이 점차 약화되는 시대에 목회자와 회중이, 회중과 회중이 함께 모여 예배할 수 있게 하기 때문이다. 그동안 내가 설교했던 800여 편의 설교는 오직 꿈이있는교회에 와야만 들을 수 있는, 그 어디에서도 다시 들을 수 없는 메시지였다.

이런 영화설교의 유익을 더 깊이 생각해 볼 필요가 있다. 유명 목사들의 설교는 인터넷으로 쉽게 접할 수 있는 까닭에 다른 설교자가 다시 활용하는 것이 어렵다. 이미 교인들이 그 설교를 들었을 가능성이 있기 때문이다. 반면에 영화설교는 꿈이있는교회 안으로 제한되기 때문에 교회 밖에 있는 어느 누구도 그 설교를 들을 수 없다. 따라서 내가 동의만 하면 이 영화설교 자료들은 저마다 상황에 맞게 재구성하여 개교회에서 사용될 수 있다. 그렇다면 이미 앞에서 설명한 영화설교의 유익들을 누구나 누릴 수 있다.

빼놓지 말아야 할 영화설교의 마지막 유익은 오늘 이 시대에 가장 탁월한 전도 도구가 된다는 것이다. 많은 교회가 총동원 전도 주일을 지키면서 외부에서 강사를 모셔 오고 연예인들을 부른다. 그것의 가장 큰 문제는 교회의 자원이 아니라는 점이다. 총동원 전도 주일에 교회를 방문한 사람들은 준비된 행사에 호감을 느낄 수 있다. 그러나 그다음 주일예배에 참석했을 때는 기존 예배에서 기존 목회자의 설교를 들어야 한다. 그런 까닭에 애써 준비한 총동원 전도 행사의 효과가 생각보다 크지 않은 경우를 자주 본다.

영화설교는 비신자나 새신자들을 만나고 설득하기 쉬운 접촉점을 갖고 있을 뿐 아니라 매 주일을 총동원 전도 주일처럼 지킬 수 있는 유익이 있다. 특히 소규모 교회들에게 영화설교 전도 방법은 매우 효과적일 것이다. 예를 들어 전도할 대상자를 정했을 때, 전도자가 그 대상자에게 좋아하는 영화가 무엇인지 묻는다고 가정해 보자. 목회자가 그 영화로 설교를 준비하고 대상자를 초청한다면 교회에 나와 설교를 들어 볼 확률은 높을 수밖에 없지 않겠는가?

Chapter 4

인코딩된 영화 속

메시지 찾기

영화설교는 영화에 인코딩된 하나님, 곧 숨어 있는 복음 메시지를 찾아내는 디코딩 작업을 한 후 말씀으로 풀어내는 것이 핵심이다. 그렇다면 어떻게 영화를 읽어 낼 것인가? 영화의 어떤 지점에서 메시지를 발견할 것인가?

영화의 코드 포인트

영화 자체에 이미 복음을 담고 있는 기독교 영화라면 이런 고민을 할 필요가 없다. 예를 들어 〈바울〉(2018) 〈어메이징 그레이스〉(2008) 〈천로역정〉(2019) 〈예수는 역사다〉(2017) 〈아이 캔 온

리 이매진〉(2018) 〈프리덤〉(2015) 〈본회퍼〉(2000) 〈울지마 톤즈〉
(2010) 등은 작품 자체가 복음적 메시지를 담고 있기에 그대로
활용하면 된다.

하지만 이런 기독교 영화들은 비신자나 세상 문화에 익숙한
이들의 관심을 끌기에는 뭔가 부족한 면이 있다. '기독교적'이
라는 이미지 자체가 이미 사람들에게 장벽의 역할을 하고 있다.
그렇다면 우리는 이런 상황과 현실 속에서 어떻게 대처해야 하
는가. 그래서 영화설교는 기독교 영화뿐만이 아니라 세속 영화
들도 함께 다룰 수 있어야 한다. 그 속에서 복음적 메시지의 연
결고리를 찾는 것이 필요하다. 영화 속에 인코딩된 복음을 찾
아 디코딩해야 하는 것이다.

다행스러운 것은 세속 영화 중에도 따뜻한 스토리와 메시지
를 담은 작품들이 많다는 점이다. 비록 예수, 신앙, 복음을 직접
말하지 않을지라도 건강한 이미지와 세계관을 담은 영화를 선
택하여 작품을 읽어 내고 설교로 활용할 수 있다. 〈기적〉(2021)
〈더 테너〉(2014) 〈페이스 메이커〉(2012) 〈사운드 오브 뮤직〉(1969)
〈쉰들러 리스트〉(1994) 〈시스터 액트〉(1993) 〈대장 김창수〉(2017)
〈통증〉(2011) 〈설리: 허드슨 강의 기적〉(2016) 〈타이타닉〉(1998)
〈천국의 아이들〉(2001) 〈엑시트〉(2019) 〈국가대표〉(2009) 〈존 큐〉
(2002) 〈사이먼 버치〉(1999) 등을 예로 들 수 있다. 이런 영화들은
보는 것만으로도 사람을 따뜻하게 한다. 새로운 도전을 하고

싶은 동기를 불러일으키고 희생과 사랑을 깨닫게 하여 마음을 움직이는 것이다.

한편으로는 그런 까닭에 영화설교가 어려울 수 있다. 누구나 감동받는 이야기이기 때문이고 다른 해석이 불필요할 수도 있어 보이기 때문이다. 영화설교는 단순히 은혜롭고 감동적인 내용을 그냥 나열하는 것이 아니다. 회중이 영화에서 미처 보지 못하거나 의식하지 못한 부분, 영화에 인코딩된 부분을 디코딩하여 복음으로 연결시켜야 한다. 영화를 거듭나게 할 만한 접촉점인 인코딩된 암호를 찾고 풀어내는 것이 매우 중요하다.

문제는 일반적으로 모두가 수긍하는 따뜻하고 교훈적인 영화가 아니라 세속적인 세상 이야기를 담고 있는 영화들이 더 크게 흥행한다는 것이다. 그래서 나는 영화설교에서 그런 영화들을 더 자주 활용한다. 당연히 그 영화들의 영향력 때문이다. 돌아보면 세속 영화 속에도 반드시 해석할 수 있는 인코딩된 메시지들이 있었다. 그리고 그것을 디코딩하는 순간 복음적인 영화로 바뀌는 것을 영화설교자로서 수없이 경험했다.

그렇다면 영화의 어느 지점에 메시지가 인코딩되어 있을까? 그 지점은 매우 여러 곳인데, 나는 대체로 다음과 같은 지점에서 그 코드들을 발견할 수 있었다.

- 배경 지식

- 오프닝과 클로징

- 상징과 이미지

- 타이틀

- 대사

- 음악

물론 영화의 코드를 깊이 읽어 낼 수 있는 더 많은 지점이 있다. 예를 들면 빛과 음영, 카메라의 구도와 앵글, 다양한 촬영 기법 등이다. 그러나 우리의 일차적 관심은 영화를 평론하는 것이 아니라 설교를 하는 것이기에 다음의 주제들에 집중하여 살펴본다.

[배경 지식] 영화 밖으로 나갔다 오라

영화를 다른 사람들과 다르게 보는 방법 중에 하나는 영화 밖으로 나갔다 오는 것이다. 영화 밖으로 나간다는 말은 선택한 영화의 내용과는 전혀 관계없더라도, 그 영화의 배경이 되는 사건이나 담고 있는 세계관, 혹은 시대정신을 이해하는 것이다.

실제로 영화설교를 준비하면서 영화에 숨어 있는 코드를 푸는 열쇠를 영화 밖에서 찾게 되는 경우가 종종 있었다. 스토리의 배경을 이해함으로써 작품이 저절로 해석된 것이다. 시대극이나 종교적 내용을 가진 영화, 혹은 실존했던 인물 중심의 영화들이 특히 그랬다.

장재현 감독의 〈파묘〉 같은 영화는 해석하기가 쉽지 않다. 자칫하면 감독이 무수히 심어 놓은 의도된 코드를 좇아가기 쉽다. 더욱이 설교를 위한 접근은 힘들 수밖에 없다. 기독교 신앙을 가진 이들은 이 영화의 무속적 소재들인 풍수, 무당, 파묘, 금강경, 대살굿 등 때문에 부정적으로 볼 것이다. 아예 거부할 수도 있다.

문제는 이 영화를 천만 명 넘는 사람이 봤다는 점이다. 그런 까닭에 이 영화는 해석이 필요하고 사람들의 인식을 전환시킬 무엇인가가 필요하다. 특히 내 경우에는, 감독이 대학 시절부터 20년 넘게 꿈이있는교회에서 신앙생활을 해 온 집사였기에 더욱 그러했다. 단순히 오컬트영화로 치부하고 말 수는 없었기에 반드시 재해석이 필요했다.

'파묘'라는 제목에서 알 수 있듯이 이 영화는 집안에 닥쳐온 질병이나 문제를 묫자리의 문제로 풀어 간다. 거기서부터 영화가 시작되지만, 감독은 그것을 의혹으로 전해 오던 내용인 '일제가 조선의 정기를 막기 위해 쇠 말뚝을 박은 사건'으로 연결시킨다. 그것이 소위 '국뽕 효과'를 얻게 했고 영화의 흥행 요소로도 작용했다. 그리고 영화는 그런 저주의 근원을 소각함으로

감독이 대학 시절부터 20년 넘게 꿈이있는교회에서
신앙 생활을 해 온 집사였기에 더욱 그러했다. 단순히 오컬트영화로
치부하고 말 수는 없었기에 반드시 재해석이 필요했다.

써 모든 문제가 해결되는 것으로 끝난다.

　이런 무속적 소재를 다룬 〈파묘〉로 설교할 때, 영화 자체만으로는 설교하기가 힘들 수밖에 없다. 그래서 필요한 일이 영화 밖으로 나갔다 오는 것이다. 내가 가장 초점을 두려고 했던 것은 묫자리와 관련된 무속적 접근에 대한 것이었다. 영화설교의 상당 분량을 그와 관련된 설명에 썼다. 이때 주의할 것은 제시되는 자료가 매우 설득력 있는 것이어야 한다는 점이다. 그 당시 설교를 하기 위해 배경을 정리한 내용이다.

　어릴 적 저의 어머니는 무당을 불러 굿으로 천도재(薦度齋)를 했었습니다. 이유는 조상이 후대에 영향을 미치고, 묫자리가 자손에 영향을 미친다는 말을 할머니가 믿었기 때문입니다. 하지만 이것이 얼마나 허망하고 허구인지는 역사를 조금만 들추면 드러납니다. 다음의 이야기는 〈박종인의 땅의 역사〉를 요약 정리한 것입니다.[16]
　1895년 10월 8일 새벽 6시 일본 낭인들에 의해 명성황후가 시해당합니다. 시해당한지 2년 2개월 후인 1897년 11월 22일 장례를 치뤘는데 청량리 홍릉에 모십니다. 하지만 나라가 점점 기울면서 고종은 명성황후 묘를 이장하기로 결정합니다. 여러 묫자리를 결정하고 번복하다가 양주의 금곡리로 결정하지만 1905년에는 나라가 사라져

---

16) 조선일보 온라인판, 2022년 10월 19일, "고종, 왕비릉 이장을 위해 조말생 묘를 강제로 옮기다" 참고.

서 못했고, 1907년에는 '고종이 강제 퇴위되는' 바람에 못했고, 그렇게 미루다가 1919년 고종이 죽고 나서야 금곡리로 청량리 홍릉 천장(遷葬)이 이뤄져 고종과 명성왕후를 모시게 됩니다.

이런 예에서 보는 것처럼 이씨 왕조는 가장 좋은 명당만을 골라서 엄청난 예산을 투여하며 묘를 썼습니다. 이로 인해 엄청난 국고가 들어갔습니다. 이것은 민간도 마찬가지였습니다. 이로 인해 덕을 본 이들은 무당과 지관들이었는데, 그로 인한 폐해가 컸던 것입니다. 그래서 〈박종인의 땅의 역사〉에는 이런 통계가 나옵니다.

"대한제국을 선포한 1897년부터 을사조약이 체결된 1905년까지 대한제국 정부가 각종 국장(國葬)에 사용한 국가 예산이 213만6000원이었다. (이윤상, '1894~1910년 재정 제도와 운영의 변화', 서울대학교 국사학과 박사 논문, 1996, p141) 참고로 1900년도 대한제국 세출예산은 616만2796원이었다. (김대준, '고종시대의 국가재정 연구', 태학사, 2004, p129)"

그러니까 1897년부터 1905년까지 이 8년 사이에 명성황후 국장, 헌종 왕비 국장, 황태자비 국장 등 한 해 예산의 3분의 1을 각종 장례식에 사용한 것입니다.

이것은 영화에는 나오지 않는 내용이지만 실제 역사적 사실로서 영화의 배경을 보여 주고, 묫자리와 후손의 번영은 관계가 없다는 것을 말해 준다. 당시 설교 시간에는 이런 자료를 활용하여 묏자리와 관련된 재앙의 문제가 얼마나 허구적인 것인지를 밝혀 회중에게 도움을 주고자 했다.

이어서 다룬 것은 죄의 문제였다. 복음서와 예레미야, 에스겔 선지자가 밝히는 '조상의 죄와 관련된 내용'을 설명하여 지금 우리가 만나는 어려움과 고통의 문제를 조상의 묏자리 탓으로 돌리는 게 얼마나 어리석은지를 밝히려 했다. 또한 그로 인해 파생된 굿 역시 위로의 수단에 불과하다는 것을 지적했다.

> "제자들이 예수께 '선생님, 저 사람이 소경으로 태어난 것은 누구의 죄입니까? 자기 죄입니까? 그 부모의 죄입니까?' 하고 물었다."(요 9:2, 공동번역)

제자들은 이미 소경이 어떤 형태이든지 간에 보지 못하는 것이 죄와 관계있다고 생각하고 있었습니다. 그러나 이 질문의 내면에는 부모 곧 조상의 죄 때문이 아니냐고 묻는 것임을 알 수 있습니다. 사실 그 당시 유대인들은 그런 생각을 갖고 있었습니다. 오랜 바벨론 포로 생활은 물론 지금 로마 식민지 생활까지 운명론적으로 생각하는 경향이 있었습니다. 바벨론 포로가 된 후 이스라엘은 자신들의 처지를 돌아보면서 여러 논쟁이 벌어졌는데 그중 하나가 예레미야서와 에스겔서에 언급되는 속담과 같은 숙명론이었습니다.

"아버지가 신 포도를 먹었으므로 아들들의 이가 시다"(렘 31:29)

이 속담은 아버지 세대가 죄를 범하여 포로로 잡혀 왔으며, 이 같은 치욕은 아버지 세대가 잘못했기 때문이고, 지금 자신들에게는 잘못이 없다는 그런 뜻이었습니다. 소위 숙명론입니다. 숙명론이지만 달리 말하면 책임 전가입니다. 사실 책임 전가는 우리 인간이 택하는 가장 익숙한 방어기제입니다. 가장 쉽게 자신의 문제를 해결할 수 있고 면죄부를 주기 때문입니다.

많은 외세의 침략을 받은 우리 민족의 아픔도 여기에 있습니다. 사주팔자를 따지고 굿을 하고 점을 치고 못자리를 쓰고 천도재를 지내는 등의 행위는 지금 만난 고통과 환난의 문제를 조상에서 찾고자 한 것입니다. 대표적인 행위가 굿입니다. 그중에 하나인 천도재로 예를 들어 보겠습니다.

예전에 우리 어머니는 외할머니 곧 어머니의 어머니가 꿈에 나타나면 이상하게 아팠습니다. 갑갑한 이야기입니다. 어머니가 불쌍한 딸에게 해를 끼친다는 것 자체가 이미 말하고 있는 어머니, 꿈속의 할머니는 진짜 할머니가 아님을 드러낼 뿐입니다. 오랜 시간 동안 눌린 어머니의 고통이었습니다.

어머니가 용하다는 점쟁이를 찾아다니다가 결정한 것은 천도재였습니다. 일반적으로 천도재는 돌아가신 분의 영혼을 극락으로 인도하기 위해 불교에서 행하는 의식인데 무당들도 합니다. 우리 어머니의 경우를 조금만 들여다보면 알 수 있는 것처럼 천도재 같은 굿은 일종의 위로 행위입니다. 해결할 수 없는 병, 집안의 문제 등 도무지 어찌할 수 없는 것을 굿을 통하여 위로하는 행위입니다. 그런 의미에서 이 영화가 이상한 위로를 주는 것도 사실입니다. 아직도 우리는 일본 제국주의를 넘어가고 있지 못한 측면이 있는데, 영화에서 이 세상의 세계관으로 위로하고 있기 때문입니다.

이 같은 설명을 통해 묘를 잘 써서 후손이 잘된다는 풍수지리의 허구를 지적하는 것과 함께 조상의 죄가 후손들에게 이어진다는 가계저주론의 문제도 지적했다. 또한 굿이 갖고 있는 인간의 위로 행위 측면을 말했는데, 이것으로 영화가 지니고 있는 전제와 접근은 기독교 신앙에서 받아들일 수 없다는 것을 분명히 했다. 실제로 설교 말미에 "무당 따위에 의지하여 위로받거나 문제를 해결하려는 어리석은 행위"라는 표현을 사용했다가 무속을 지지하는 이들로부터 공개적인 비난을 받기도 했다.

이런 내용은 영화에 들어 있지 않지만 영화에 인코딩된 내용을 푸는 열쇠로 역사적 자료나 사건이 쓰일 수 있음을 보여준다. 따라서 영화를 읽어 내기 쉽지 않을 때는 영화 밖으로 눈을 돌려 볼 필요가 있다. 이를 통해 영화를 바라보는 새로운 시선을 얻을 뿐 아니라 영화에 인코딩된 내용을 푸는 열쇠도 발견할 수 있다.

영화를 읽어 내기 쉽지 않을 때는 영화 밖으로 눈을 돌려 볼 필요가
있다. 이를 통해 영화를 바라보는 새로운 시선을 얻을 뿐 아니라 영화에
인코딩된 내용을 푸는 열쇠도 발견할 수 있다.

〈신과 함께: 죄와 벌〉(2017)로 설교를 준비할 때도 마찬가지였다. 이때 집중한 것은 이 영화가 가지고 있는 세계관에 대한 설명이었다. 사실 그것을 설명하는 것만으로도 영화가 해석될 뿐 아니라 회중들도 설득할 수 있었다.

이 영화는 불교 설화와 무속 신앙이 혼재된 배경을 갖고 있다. 우선 나는 영화 밖으로 나와 사십구재에 대한 설명과 윤회 사상, 지옥에 대한 설명을 충분히 하고자 했다. 더불어 강조하고자 한 것은 '죄에 대한 책임'이었다. 작중의 등장인물 소방관 김자홍은 자신이 어머니와 동생에게 저지른 죄에 대한 책임과 구원을 위해 15년 동안 공력(功力)을 쌓았다. 그렇게 고통 속에서 선행을 쌓아 마침내 그가 저승에 올라가는데 놀랍게도 저승이 격하게 반응한다. 이유는 "무려 1593년 논개 이모의 죽음 이후 422년 만에 등장한 귀인"이기 때문이었다.

인간이 짓는 죄의 심각성과 책임은 김자홍이 공력을 쌓는 이유였는데, 이것이 자연스럽게 성경이 말하는 죄와 심판 그리고 내세에 대한 설명으로 들어가게 했다. 당연히 예수 그리스도께서 우리의 모든 죗값을 대신하여 지불하신 대속적 죽음이 얼마나 놀라운 것인지, 하나님의 은혜로 구원을 받는다는 것이 얼마나 신비로운 일인지 설명할 수 있었다.

그리고 이어서 값없이 믿음으로 의롭다 함을 얻은 우리는 김자홍 같은 대가를 치를 필요는 없지만, 주님의 대속적 죽음에

응답하는 삶 곧 칭의에 대한 책임을 갖고 살아야 하지 않겠느냐는 결론으로 설교를 전개했다.

이 영화의 내세관과 구원관은 기독교가 그리는 내세, 구원과 매우 다릅니다. 영화에서는 죄로부터의 구원을 각 사람이 투쟁과 변호를 통해 얻어 내는 것으로 그립니다. 공력이 필요하다는 말입니다. 자홍이 감당한 15년 동안의 공력은 인간이 구원에 이르는 방법입니다. 그러므로 자홍의 삶은 평생을 죄 곧 죄업, 업보에 대한 책임을 갖고 산 것을 말합니다.

그런데 영화는 그 같은 죄업을 해결하는 노력이 매우 힘들다는 것을 보여 주는데, 저승차사들이 귀인 김자홍을 반가워한 것에서 드러납니다. 이런 김자홍이 저승에 온 것은, 무려 1593년 논개 이모의 죽음 이후 422년 만에 귀인이 등장한 것이라는 설명으로 죄를 해결하는 문제가 그만큼 어렵다는 사실을 감독은 시사한 것입니다.

기독교적 세계관에서 볼 때 이 설정은 일말 정직하게 보인다. 인간 스스로 구원에 이르는 것이 불가능할 만큼 어려운 일이라는 것을 시사하기 때문이다. 그런 의미에서 영화는 불교적 표현처럼 '고해(苦海)' 곧 고통스러운 바다를 살고 있는 존재의 비애를 말하고 있다.

영화는 인간의 슬픈 현실을 담고 있습니다. 괴로운 세상, 불교 용어로 말하면 고해, 즉 고통스러운 바다를 살고 있는 존재의 비애입니다. 그러므로 인간이 할 수 있는 최고의 삶이란 '자기 죄에 대한 책임'을 가지고 사는 것입니다. 그런 의미에서 불교적 세계관에는 인간의 자기 구도적 삶의 정직함이 있습니다. 인간이 할 수 있는 최고의 방법입니다. 하지만 김자홍의 경우에서 보듯이 인간의 구원은 쉽지 않습니다.

영화는 여기에 지장보살, 바리공주, 진기한 곧 강림차사를 등장시켜 인간의 해결책을 소망으로 제시합니다. 그리고 등장하는 종교적 환상은 환생입니다. 이것이 세상의 선을 추구하는 이들의 실체입니다. 그들의 구도적 노력은 죄에 대한 책임, 죄의 대가를 지불하는 것의 연속임을 알 수 있습니다. 그래서 정직하지만 슬픈 한계임을 알 수 있습니다.

동일하지는 않지만 죄의 심각성을 말한다는 점에서 영화가 제시하는 불교와 기독교는 결을 같이한다고 볼 수 있다. 하지만 근본적인 차이 또한 존재하는데, 그것은 기독교의 구원이 예수의 대속적 죽음을 믿음으로 값없이 의롭다 함을 얻는 데 있다는 것이다. 곧 칭의적 구원이 메시지의 중심이 되었고, 결론에서는 그 은혜에 대한 응답으로 칭의의 책임을 강조하는 것으로 설교를 마무리했다.

[오프닝과 클로징] 시작과 끝 5분을 살펴라

영화에서 시작과 끝은 무척 중요하다. 영화의 전체 내용을 풀기 위한 서론은 시작 지점에, 결론은 끝나는 지점에 있는 경우가 많기 때문이다. 그러므로 영화의 시작과 끝을 주시하면 인코딩된 것들을 많이 발견할 수 있다.

1억 부가 넘게 팔린 만화 『슬램덩크』의 방대한 내용을 줄여서 영화로 제작한 〈더 퍼스트 슬램덩크〉로 설교를 준비할 때였다. 원작의 주인공 강백호의 캐릭터가 강렬했기에, 상대적으로 조연이었던 송태섭을 주인공으로 내세운 이 영화의 주제를 찾는 것은 쉽지 않았다. 다행스럽게 시작 부분에서 코드를 발견할 수 있었다. 바로 영화의 배경을 묘사하는 "오키나와"라는 자막이었다.

당연히 영화 밖으로 나와 오키나와에 대한 역사를 살피기 시작했다. 동시에 원작의 외전이었던 『피어스』에도 주목했다. 그러자 놀랍게도 이 영화가 하나의 주제를 말하는 이야기로 해석되었다.

『슬램덩크』 만화를 보신 분은 아시겠지만 이 이야기의 주인공은 강백호입니다. 하지만 영화 〈더 퍼스트 슬램덩크〉는 주인공 강백호가 아니라 포인트가드를 맡고 있는 송태섭을 중심으로 만들어진 애니

마침내 이기는 마이너리티의 승리를 다루고자 했다.
설교 제목을 '마이너리티 리포트'라고 붙인 이유였다. 시작 5분 안에
등장한 "오키나와"라는 자막이 영화설교의 키워드가 되었다.

영화설교 수업

메이션입니다. '더 퍼스트'라는 수식어에서 알 수 있는 것처럼 『슬램 덩크』의 '처음' 이야기를 쓰려 했음을 알 수 있습니다.

사실 이 영화의 작가이며 감독인 이노우에 다케히코는 『슬램덩크』 연재가 끝나자마자 또 다른 책을 쓰는데 바로 단편 외전 『피어스』입니다. 『피어스』는 송태섭(료타)이 자란 오키나와를 배경으로 농구선수였던 형과의 이야기를 그리고 있습니다. 형은 송태섭과 비교할 수 없을 만큼 뛰어난 메이저 농구선수였지만 갑작스러운 낚싯배 사고로 죽습니다. 마이너 송태섭만 남은 것입니다.

또 하나 우리가 주목해야 할 것은 영화 시작 지점에 배경 자막으로 나오는 "오키나와"입니다. 오키나와는 '류큐(琉球)' 왕국으로 독립 국가였지만, 1879년 일본이 강제 병합한 곳입니다. 그런 까닭에 일본은 우리나라를 강제 병합시킨 후 보인 것처럼 오키나와 사람을 본토 주민과 동급으로 여기지 않았습니다.

그러던 중 1945년 3월 말에 미국을 상대로 '오키나와 전투'가 벌어집니다. 일본은 혹시 있을지도 모르는 오키나와 주민들의 배신을 걱정하여 미군에 대한 거짓 소문을 퍼뜨렸습니다. 이것이 집단 자살이라는 비극을 야기시킵니다. 마이너였던 오키나와의 아픔입니다. 한 신문 기사는 당시 상황을 이렇게 전합니다.

"일본 수뇌부에게 오키나와 인은 본토 주민과 동급의 사람들이 아니었다. 믿을 수 없었다. 미군이 오키나와에 상륙하면 자신들을 배신하고 미군의 스파이가 될 것을 우려했다. 전쟁에서 수세에 몰리자 일본군은 오키나와 인들을 심리적으로 몰아넣기 시작한다. '미군이 상륙하면, 남자들은 고문받아 죽고, 여성은 강간당해 죽을 것'이라며 극도의 공포감을 조성한 것이다. 미군 손에서 치욕적인 죽음을 맞이할 바에야 깨끗하게 죽기로 결심한 오키나와 인들은 일본군에게 받은 수류탄을 터뜨려 죽거나 극약을 먹고 죽었다. 가족과 이웃은 서로를 칼로 찌르거나, 목을 졸라 죽는 것을 도왔다. 9만 명이 넘는 오키나와 인들이 이런 식의 '집단 자결'로 목숨을 잃었다."[17]

이 같은 이해로 영화설교는 마이너리티에 집중했다. 마이너리티 오키나와, 마이너리티 송태섭, 그리고 마이너리티 북산고등학교가 최강 메이저리티 산왕고등학교를 상대로 경기하며 약하고 부족하지만 마침내 이기는 마이너리티의 승리를 다루고자 했다. 설교 제목을 '마이너리티 리포트'라고 붙인 이유였다. 시작 5분 안에 등장한 "오키나와"라는 자막이 영화설교의 키워드가 되었다.

〈더 셰프〉(2015)는 젊은 나이에 유명해진 미슐랭 셰프 아담 존스가 술, 마약, 도박 등으로 모든 것을 잃어버린 뒤에 다시 회

---

17) 부산일보 온라인판, 2019년 10월 22일, "'역사저널 그날' 비극의 섬 오키나와, 사라진 조선인...초유의 사건 '집단 자결'" 참고.

이 영화설교 제목은 '그리스도인의 완전'인데, 주인공의 태도에서
어렴풋한 윤곽을 살펴볼 수 있었다. 백만 개 굴 까기로 자신의 정체성을
드러낸 셰프 아담이 시작한 레스토랑은 완전을 추구했다.

복하는 과정을 그린 영화이다. 그 첫 장면이 무척 인상 깊은데, 그가 그동안의 방황을 정리하고 다시 시작하는 모습을 굴 백만 개를 까는 허드렛일로 보여 주기 때문이다. 철저히 바닥으로 내려가 자신을 부정하는 것으로 상징되는 백만 개의 굴 까기는 이제 다른 존재로 살겠다는 주인공의 처절한 추구를 의미했다.

아담 존스, 그는 이른 나이에 미슐랭 2스타를 받으면서 최고의 셰프가 되었지만 마약 술 여자를 탐닉하면서 폐인이 되었습니다. 자신만이 아니라 멘토 장 루크가 운영하던 레스토랑까지 다 망쳐 먹었습니다. 그런 그가 다시 시작하는 방법입니다. '굴 백만 개 까기' 'burnt'라는 영화의 원제처럼, 그는 허랑방탕하게 다 타 버린 자신에게 새로운 불을 붙여 다시 시작하려 합니다. 자신의 욕망과 세속적 영광 그리고 권위 등 모든 것을 내려놓고 시장판의 굴 까기처럼 일백만 번의 굴 까기로 자신을 burnt, 불태우는 것으로 시작합니다. 무섭습니다.

우리의 구원은 쉽습니다. 우리가 믿음으로, 하나님의 은혜로 이루어지기 때문입니다. 그러나 바울이 빌립보서 2장 12절에서 말한 구원, 두 번째 구원 곧 소명과 부르심, 존재의 목적을 이루는 의미의 구원은 나를 치는 복종과 자기희생에 기초합니다. 아담의 행동처럼 백만 번의 굴 까기 같은 자기부정이 필요합니다. 성화는 거저 이뤄지는 것이 아니기 때문입니다.

이 영화설교의 제목은 '그리스도인의 완전'이었는데, 주인공의 태도에서 그것의 어렴풋한 윤곽을 살펴볼 수 있었다. 백만 개 굴 까기로 자신의 정체성을 드러낸 셰프 아담이 시작한 레스토랑은 완전을 추구했다. 그러다 보니 당연히 동료들에게도 지나치게 엄격했다. 아주 작은 잘못이나 실수도 받아들이지 않았다. 지나치기까지 한 아담의 태도에서 은혜로 구원받은 우리의 완전에 대한 추구는 어떻게 해야 하는지, 그 힌트를 찾을 수 있었다.

아담 존스가 자기와 함께하는 셰프와 동료들을 향하여 던지는 말 중에 이 말이 기막힙니다.

"완벽하지 않으면 그냥 버리라고. 무조건 말이야. 완벽하지 않으면 그냥 버려."

아담이 여성 셰프 스위니에게 말하던 것이 매우 모독적으로 보이지만 인상 깊었습니다.

"네가 어떻게 이 멋있는 생선살을 창백하고 기운 없이 엿 같은 생선으로 만들었는지 봐 봐. 도대체 어떻게 한 거야? 쓸모없이 죽어 버린 생선한테 사과해… 빌어먹을 생선한테 사과해."

스위니가 생선을 보며 "광어님, 진심으로 사과합니다"라고 말할 때 웃기지 않았습니다. 갑자기 깨달음이 왔습니다. 저는 영화를 보다 말고 회개 기도했습니다. 우리 역시 무뢰로서 예수 그리스도의 희생을 값싸게 만들고 있기 때문입니다. 주님께, 우리 하나님께 백배 사과해야 합니다. 이토록 복음을 천박하게 만들어 흘려보냈으니까 말입니다.

[상징과 이미지] 눈에 띄는 것에 주목하라

영화는 한 사람의 생애 혹은 한 민족의 흥망성쇠를 담을 만큼 매우 광범위한 시간대와 공간대를 다룬다. 그런 까닭에 감독들은 짧은 시간 안에 많은 것을 담기 위해 상징, 이미지, 은유와 비유들을 사용한다. 그런 눈에 띄는 것을 발견하면 영화 전체를 관통하는 중요한 의미를 찾을 수 있다.

예를 들어 〈기생충〉(2019)에서는 가족들에게서 나는 특정한 '냄새'가, 〈데드 맨 워킹〉(1995)에서는 검색대에서 울리는 금속탐지기 '소리'가, 〈딥 블루 씨〉(1999)에서는 주방장 셔먼 더들리가 목에 걸고 있는 '십자가 목걸이'가 그러한 상징으로 읽혀질 수 있다.

상징과 이미지를 아주 잘 사용한 영화의 대표적인 예로 〈쉰

196분 길이의 흑백 장편 영화인데, 감독 스티븐 스필버그는
컬러 기법을 사용해서 과거와 현재를 구분했다.
영화 시작 부분의 유월절 식사 장면과 끝나는 부분의 쉰들러 묘지를
찾아가는 장면만 컬러로 사용해서 현재임을 묘사했다.

들러 리스트〉를 들 수 있다. 이 작품은 196분 길이의 흑백 장편 영화인데, 감독 스티븐 스필버그는 컬러 기법을 사용해서 과거와 현재를 구분했다. 그런 까닭에 영화 시작 부분의 유월절 식사 장면과 끝나는 부분의 쉰들러 묘지를 찾아가는 장면만 컬러로 사용해서 현재임을 묘사했다. 그리고 나머지 부분은 흑백으로 처리해서 과거적 상황을 그려 낸다.

영화는 나치 시절 유대인을 고용하여 돈을 벌던 독일인 사업가 쉰들러의 이야기를 다루고 있다. 그는 자신의 재산을 다 팔아서 유대인 1,100명을 구해 내는 일을 한다. 그런데 감독은 그가 그렇게 행동하는 이유를 영화에서 직접적으로 설명하지 않는다. 영화 안에 코드를 심어 넣은 것이다. 바로 영화 중반에 잠깐 등장하는 빨간 옷을 입은 소녀다. 이것으로 쉰들러를 설명하기 위하여 영화는 흑백으로 흘러간다.

영화 속에서 독일은 패망의 조짐을 느끼자 더 잔혹하게 유대인들을 죽입니다. 가스실이든 길거리든 마구 죽이는 잔혹을 행합니다. 그러던 어느 날 쉰들러는 수용소 전체가 보이는 언덕에 서서 수용소 안을 쳐다보게 됩니다. 거기서 무엇인가를 봅니다.

여기서 무엇을 보았는지 말하기 전에 이해를 위하여 스티븐 스필버그의 영화 기법 중 흑백 사용의 의미를 이해할 필요가 있습니다. 영화 〈쉰들러 리스트〉는 스티븐 스필버그의 1993년 영화로 3시간 15

분짜리 장편입니다. 그런데 스필버그는 전체 러닝타임 중 유대인들이 유월절을 지키는 현재의 모습을 그린 시작과 쉰들러의 무덤을 찾아가는 유대인들의 모습을 그린 끝을 제외하고는 전체를 흑백으로 처리했습니다.

영화에서 흑백은 과거, 혹은 이미 사라진 것, 혹은 회상 신을 표현할 때 쓰는 기법입니다. 당연히 과거에 일어났던 일이기 때문입니다. 혹은 완전히 객관적으로 나와 구분되는 것을 그릴 때도 이런 기법을 쓰는데, 쉰들러에게 유대인들의 처한 상황은 지금 나와는 상관이 없는 흑백사진과 같은 것이었습니다.

(중략)

흑백 장면들, 나와 관계없는 것들이었는데 갑자기 붉은 채색옷을 입은 소녀가 보였습니다. 살아 있다는 뜻이고, 현재적 사건이라는 뜻입니다. 그때부터였습니다. 쉰들러가 흔들린 시점이었습니다. 생명이 보였기 때문입니다.

얼마 시간이 지나지 않아 독일은 수용소를 버리고 떠나야 하는 패망의 조짐을 만나는데, 수용소장은 그들이 불법 매장한 모든 시신의 증거를 없애기 위해 소각을 결정합니다. 그래서 묻었던 시신들을 꺼내어 화장하는 과정에서 쉰들러는 리어카에 실려 나오는 그 소녀, 붉은 채색옷을 입은 소녀를 봅니다. 생명이 살육당한 것입니다. 살인

그들은 모든 것을 거짓과 속임수로 위장했지만 완벽히 감출 수는
없었다. 그것은 그들이 살고 있는 반지하의 '냄새' 때문이었다.
나는 그것을 영화를 푸는 상징으로 보고 '죄의 냄새'로 해석했다.

영화설교 수업

이었습니다.

그 순간부터 쉰들러는 지금 이대로 살 수 없었습니다. 생명을 본 것이고 나와 상관있는 존재들을 본 것입니다. 그것이 이유였습니다.

감독이 의도적으로 상징과 이미지를 사용한 〈쉰들러 리스트〉 같은 영화와 달리 설교자가 직접 영화 안에서 눈에 띄는 것을 찾아내어 의미를 불어넣을 수도 있다. 봉준호 감독의 〈기생충〉으로 예를 들어 보자.

영화 〈기생충〉은 기택의 반지하 집에서 시작한다. 아내 충숙, 아들 기우, 딸 기정까지 네 명 모두 백수이며 가난하다. 그들이 사는 집은 길가 반지하라서 취객들이 창문에 소변보기가 일쑤이다. 통신비조차 내기 힘들어 변기 위에 올라 남의 집 와이파이에 접속하는 장면은 애처로워 보이기까지 한다.

그러던 어느 날 아들 기우는 대학 졸업장을 감쪽같이 위조해서 박 사장의 집에 가정교사로 들어간다. 그의 누이와 아버지, 어머니까지 모든 술수를 동원해 그 집에 미술 선생, 운전수, 가정부로 들어간다. 그들은 모든 것을 거짓과 속임수로 위장했지만 완벽히 감출 수는 없었다. 그것은 그들이 살고 있는 반지하의 '냄새' 때문이었다. 나는 그것을 영화를 푸는 상징으로 보고 '죄의 냄새'로 해석했다.

그들은 완전히 속이는 데 성공했습니다. 이처럼 모든 것을 감추고 사기 치고… 그런데 한 가지 속이지 못하는 것이 있었습니다. 바로 냄새였습니다. 봉준호 감독은 그것을 반지하 냄새로 그렸지만 죄의 냄새였습니다. 사장의 부인이 제일 먼저 느끼지만 실제로는 아들 다송이 먼저 맡습니다. 역겨운 냄새는 더 심하게 느껴집니다. 코를 막을 정도의 역겨움이었습니다.

분명 반지하의 냄새라고 포장하고 싶었겠지만 죄의 냄새였습니다. 이미 눌어붙어 자신들은 전혀 맡지 못하는 냄새였습니다. 탈취제를 쓰면 사라지는 그런 냄새가 아니었습니다. 이미 자신들 마음대로 살고 있는 자들의 냄새였습니다. 이런 냄새가 있는 거 아닙니까? 바울이 이렇게 썼습니다.

"이 사람에게는 사망으로부터 사망에 이르는 냄새요 저 사람에게는 생명으로부터 생명에 이르는 냄새라"(고후 2:16)

기택의 가족들은 탈취제를 써서 자신들의 냄새를 감추고 삽니다. 그러던 어느 날 일이 터집니다. 사장 가족이 캠핑을 간 사이에 자신들을 방임한 것입니다. 넋을 놓았습니다. 그때 감춰 두었던 냄새가 밖으로 흘러나왔는데, 그것은 죄의 냄새였습니다. 감춰 두었던 죄의 냄새, 아무도 보는 사람이 없자 더 이상 감출 필요가 없었습니다. 그렇게 긴장을 풀자 그 냄새는 자연스럽게 흘러나왔는데, 감독은 새로운 반전으로 이것을 해석합니다.

그 건물은 유명 건축가가 집을 지으면서 지하 벙커를 만들었는데 지금 주인인 박 사장 가족은 그 벙커의 존재를 모르고 있었습니다. 그런데 그곳에 이들이 오기 전부터 가정부로 있던 여자는 그 벙커의 정체를 알고 있었습니다. 그동안 자기 남편을 거기 숨겨 두고 먹여 살리고 있었는데 쫓겨나면서 더 이상 음식을 줄 수 없는 상태가 된 것입니다.

굶어 죽을지도 모르는 남편 때문에 걱정하던 그 가정부는 사장 가족이 캠핑 간 틈을 타서 찾아왔습니다. 그 과정에서 기택의 가족이 꾸민 모든 사기가 드러납니다. 그러니까 온통 기생충 같은 이들의 모든 것이 드러나면서 냄새가 진동하고 폭발한 것입니다. 그 상황에서 기택의 가족이 결정한 것은 그 가정부 부부를 완전히 죽이는 것이었습니다.

[타이틀] 제목이 메시지다

앞에서 이미 우리가 살펴본 영화 〈하루〉처럼, 가장 노골적으로 메시지가 인코딩될 수 있는 부분이 영화의 제목, 곧 타이틀이다. 제목을 집중하여 푸는 것만으로 메시지는 드러난다. 그러므로 영화의 타이틀을 보면서 가장 먼저 해야 할 일은 '감독은 왜 이런 제목을 붙였을까?' 하고 질문하는 것이다. 예를 들어 영화 〈천국의 아이들〉로 설교할 때였다. 영화 제목이 왜 천국의 아이들인지 질문하는 순간 천국은 어떤 곳이며, 주인공 알리의 어떤 모습이 천국의 아이라 불릴 만한 것인지 궁금하게 되었다. 그리고 그 질문으로부터 '1등이 괴롭고 3등이 즐거운 사람'이란 주제를 찾아낼 수 있었다.

영화 〈원스〉(2007)도 제목에 관한 물음을 던지며 작품을 읽었다. 왜 감독은 영화의 제목을 '원스(once)'라 붙였을까?' 보통 원스는 '한 번'이란 뜻으로 쓰이는데 '처음', '첫사랑', '설레임' 등을 의미하기도 한다. 그렇게 이 영화는 길에서 노래하는 가수와 꽃을 파는 여자의 once, 곧 만남을 다룬다. 어쩌면 다분히 상투적으로 흐를 수 있는 영화였다. 왜냐하면 여자에게는 남편이 있었기 때문이다.

그런데 영화는 상투적이고 흔한 불륜 이야기로 전개되지 않았다. 그 이유를 영화 타이틀에서 찾았고 그것으로 풀어 갔다. 흥미롭게도 그들은 늘 처음(once) 만난 것처럼 서로를 대했다. 그것을 상징하는 방법으로 감독은 그들의 이름을 드러내지 않는 것을 택했다. 영화를 끝까지 보아도 관객은 주인공들의 이름을 알 수 없다. 주인공들도 서로의 이름을 모른다.

상대의 이름을 모른다는 것이 늘 처음 같다는 느낌을 줬다. 그런 까닭에 그들은 늘 설레임으로 만났고 설레임으로 끝날 수

영화는 상투적이고 흔한 불륜 이야기로 전개되지 않았다.
그 이유를 영화 타이틀에서 찾았고 그것으로 풀어 갔다.
흥미롭게도 그들은 늘 처음(once) 만난 것처럼 서로를 대했다.

있었다. '한 번' 같은 만남, 사랑이 주는 신선함과 설레임이 보였다. 그런 시각으로 영화를 보자 놀라운 것들이 읽혀졌다.

영화를 보면서 습관처럼 두 사람의 이름을 확인하려고 했는데, 이상하게도 그 둘의 이름은 한 번도 등장하지 않았습니다. 드디어 엔딩 크레딧, 그녀와 그의 이름이 어떻게 나올지 기대했지만 'girl'과 'guy'로 표기될 뿐이었습니다.

참 이상했습니다. 이름을 부르지 않는 것은 이상한 매력이 있었습니다. 그것은 신선함이었습니다. 영화 안에 흐르는 신선함, 여전한 새로움을 유지하는 힘이었습니다. 그리고 그들은 끝까지 자신들의 이름을 드러내지 않습니다. 그리고 영화는 끝납니다. 정말 매력 있었습니다.

이름이 드러나지 않는 것, 사실 성경을 볼 때 하나님의 이름이 드러난 것은 하나님이 모세를 부르셨을 때입니다. 모세는 이스라엘 백성을 출애굽시키라는 하나님의 부르심 앞에서 이름을 묻습니다. 그때 비로소 하나님은 '여호와'라는 이름을 가르쳐 주셨습니다.

그 오랜 세월, 아브라함 때부터 시작하여 하나님은 이름을 드러내시지 않았습니다. 언제나 하나님은 '엘 샤다이' 등으로 표현할 수 있는 것처럼 이름이 아니라 사건 속에서 고백하는 전능하신 하나님이었습니다. 엘 샤다이 하나님 앞에서 이스라엘은 겸손했고 정중했습니다.

하지만 하나님의 이름을 부르게 되면서 이스라엘은 이상한 삶을 살기 시작합니다. 그들은 자신들만 하나님의 이름을 부를 수 있다고 착각했습니다. 하나님이 자기들만의 하나님으로 존재한다고 여겼습니다. 이스라엘은 그렇게 생각했습니다. 그때부터 하나님과의 신선한 관계는 변질되기 시작한 것입니다. 물론 이름이 알려진 것 자체가 잘못되었다는 것이 아닙니다. 그 이름을 알게 되면서 '당신은 나에게 속한 하나님'이라고 생각한 것이 문제입니다.

어리석게도 하나님을 안다고 생각하자 그 순간부터 하나님에 대한 관심은 사라집니다. 그때부터 하나님을 자신을 위한 도구적 존재로 만들어 사용하기 시작했습니다. 그때부터 하나님을 자신의 축복, 성공, 명예, 영광을 추구할 때 필요한 존재로 전락시켰습니다. 하나님을 아는 것이 모든 것인데 말입니다.

우리의 문제는 하나님을 너무 잘 안다고 여기는 데 있습니다. 왜곡된 하나님입니다. 그것을 벗겨 내지 않는다면 우리의 신앙은 언제나 세속적일 수밖에 없을 것입니다. 더욱이 하나님을 아는 것만으로 즐거운 그런 기쁨을 절대로 누릴 수 없을 것입니다.

영화 속 두 사람의 관계도 마찬가지였습니다. 두 남녀에서 흔히 발생되는 상투적인 사랑, 성적인 관계 등으로 진전되지 않자, 드러난 것은 그들의 존재였습니다. 그들을 말하는 표현 곧 그것은 음악이었습니다. 정말 아름다웠습니다.

영화 〈사일런스〉(2016)도 마찬가지다. 이 영화는 엔도 슈사

작품을 보는 내내 원작자는 왜 제목을 '침묵(사일런스)'이라고 했는지
질문이 던져졌다. 그러면서 침묵이라는 타이틀 속에 인코딩된
놀라운 메시지를 발견했다.

영화설교 수업

쿠의 『침묵』을 원작으로 마틴 스코세이지 감독이 만들었다. 일본의 기독교(천주교)는 1549년 프란시스코 사비에르에 의해 전해졌는데, 당시 근대화를 원하던 일본 정세와 맞물려 부흥하게 된다.

하지만 곧 극심한 박해가 시작되었다. 에도 막부 때인 1612년에는 금교령이 내려져 기독교의 뿌리가 뽑히는 수준으로 기세가 줄어들게 된다. 영화의 앞부분에 나오는 1623년 '운젠다케 열탕 고문'처럼 박해는 끔찍했지만, 정도가 심할수록 일본의 기독교인(기리시탄)들은 은둔(가쿠레)한 채로 신앙을 유지했다. 영화는 그 상황을 배경으로 하고 있는데 작품을 보는 내내 원작자는 왜 제목을 '침묵(사일런스)'이라고 붙였는지 질문이 던져졌다. 그러면서 침묵이라는 타이틀 속에 인코딩된 놀라운 메시지를 발견했다.

영화는 1640년 페레이라 신부의 배교 소식을 듣고 진상을 확인하기 위해 로드리게스와 가루페 신부가 일본을 향해 길을 나서는 이야기로 시작된다. 일본에 도착하여 로드리게스가 만난 '가쿠레 기리시탄'들은 놀랍게도 예수의 얼굴이 새겨진 후미에를 밟고 심지어 십자가에 침을 뱉지 않으면 죽이겠다는 강력한 경고에도 예수를 부정하지 않는 이들이었다. 그들은 기꺼이 순교를 받아들이고 있었다.

그렇다면 왜 '침묵'일까? 일본의 가쿠레 기리시탄들에게는 예수를 부정할 수 없다는 의미에서 침묵이라 할 수 있다. 침묵의 첫 번째 의미다.

그들과 달리 그런 현실 앞에서 후미에를 밟고 배교한 이는 놀랍게도 페레이라 신부였다. 우여곡절 끝에 마침내 로드리게스가 페레이라를 만났을 때, 그 이유를 묻는다. 그러자 페레이라는 예수의 침묵 때문에 배교했다고 말한다. 즉 일본의 기리시탄들이 귀밑을 칼로 베인 상태로 거꾸로 매달린 채 피가 몸에서 다 빠질 때까지 서서히 죽어 가는 박해를 당하고 있는데도 예수가 침묵했기 때문이라고 말한 것이다. 침묵의 두 번째 의미다.

그래서 페레이라는 로드리게스에게도 배교를 요청합니다. 그의 말은 매우 분명했습니다.

"저들에게 고통을 줄 권리가 있나?"

페레이라의 이어지는 말은 더 기막힙니다.

"저들을 위해 뭘 해 줄 건가? 기도? 그럼 뭐가 돌아오나? 고통만 더할 뿐이지. 그 고통은 신이 아니라 자네만 끝낼 수 있네. 나도 기도했었지만 도움이 되질 않았네… 자네가 살릴 수 있어. 자네가 신을 부르듯 저들이 도움을 청하고 있잖나. 신이 침묵한다고 자네까지 그럴 필요 없네."

페레이라는 기리시탄들이 박해를 당하는데도 예수가 침묵하기 때문에 배교했다고 변명했다. 그런데 그와 똑같은 상황이 로드리게스 앞에도 펼쳐진다. 순교를 영광으로 알고 있던 로드리게스 역시 그들이 구덩이에 매달린 채 죽어 가는 것을 바라볼 수만은 없었다. 로드리게스 앞에 후미에가 놓여졌을 때였다. 망설이는 그에게 놀랍게도 후미에의 예수가 이렇게 말했다.

"어서 하거라. 괜찮다. 날 밟아라. 네 고통을 아노라. 인간의 고통을 나누고자 이 땅에 태어났고 너의 고통을 위해 이 십자가를 지었다. 이제 네 생명은 나와 함께 있다. 밟아라."

하나님은 침묵하지 않고 있었습니다. 그곳에서 예수는 함께 고통당하고 있었습니다. 예수의 음성이 그것을 말합니다.

이렇게 '침묵'이라는 타이틀에 숨겨진 코드를 푸는 순간 영화 전체, 심지어 일본 기독교의 부흥과 퇴락을 설명하는 이유를 찾을 수 있었다. 끝나지 않는 질문과 대답이 드러나는 지점이 타이틀에 있었다. 이 설교의 마지막 부분이다.

주님은 우리에게 "밟아라 밟아"라고 말씀하십니다. 그것은 우리의 고통과 순교를 보시면서 아파하시는 주님의 뜻입니다. 그러나 기독교는 그 뜻을 거부하고 스스로 주님의 십자가를 지고 좇아가는 것입니다. 죽는 것입니다. 이것이 기독교입니다. 히브리서의 저자는 이렇게 말씀합니다.

"또 어떤 이들은 조롱과 채찍질뿐 아니라 결박과 옥에 갇히는 시련도 받았으며 돌로 치는 것과 톱으로 켜는 것과 시험과 칼로 죽임을 당하고 양과 염소의 가죽을 입고 유리하여 궁핍과 환난과 학대를 받았으니 (이런 사람은 세상이 감당하지 못하느니라)"(히 11:36~38)

하지만 페레이라의 배교로 대표되는 기독교의 모습은 자신의 주군과 의를 위하여 할복자살하는 일본인들에게 연약한 인간적 종교로 비춰졌을 것입니다. 그들은 순교했어야 했습니다. 주님의 뜻을 거역하고 십자가의 길로 걸어가야 했습니다.

[대사] 인물의 말 속에 답이 있다

영화 속에는 그 작품을 이해하는 데 중요한 대사들이 많이 나온다. 사실 영화설교에서 가장 쉽게 찾을 수 있는 인코딩 영역이 대사라고 해도 틀리지 않다. 등장인물의 입을 통해 발화된 대사는 주어진 상황과 어우러져 주제 의식을 선명히 드러내기 때문이다. 그러므로 대사들을 주의해서 보는 것은 매우 중요하다. 예를 들어 청년 시절의 김구를 다룬 영화 〈대장 김창수〉를 살펴보자.

김창수가 명성황후 시해범을 죽인 혐의로 감옥에 수감되어 사형을 기다릴 때였다. 감옥에서 간수들에게 도움을 주어 신임을 얻게 된 그는 동료 죄수들에게 한글을 가르칠 수 있도록 허락을 받는다. 그것 때문에 까막눈이었던 죄수들이 자신의 억울함을 토로하는 편지를 쓰는 일이 벌어진다. 친일파 교도소장은 그것을 못마땅하게 여기며 김창수를 모질게 때린 후 절망적인 어조로 이런 말을 한다.

> "안 바뀐다. 이 나라가 그래. 그냥 다른 놈들처럼 다 그런다고 살다가 죽어. 그럼 편하잖아. 할 수 있는 사람이 할 수 있는 일을 하는 거야."

김창수가 이 말을 듣고 했던 대답은 영화설교를 푸는 기막힌 열쇠가 되었다.

> "할 수 있어서 하는 게 아니다. 해야 해서 하는 거다."

영화 속에는 그 작품을 이해하는 데 중요한 대사들이 많이 나온다.
사실 영화설교에서 가장 쉽게 찾을 수 있는
인코딩 영역이 대사라고 해도 틀리지 않다.

영화설교 수업

사실 〈대장 김창수〉로 하는 영화설교는 다른 것이 필요하지 않았다. 이 대사 하나만으로도 충분했다.

지금 우리가 무엇을 할 수 있습니까? 무엇을 해야 합니까? 영화에서 죽음을 앞둔 김창수가 비록 감옥에 있지만 지금 할 수 있는 일을 하는 것이 또 다른 독립운동임을 깨닫고 죄수들에게 한글을 가르칩니다. 그런데 까막눈이었던 그들이 배우기 시작하자 자신의 하소연을 편지로 쓰기도 하는 등 불온한 일들이 벌어집니다. 그러자 친일파 교도소장이 그런 일을 일으킨 김창수를 모질게 때린 후 절망적인 어조로 이런 말을 던졌습니다.

"안 바뀐다. 이 나라가 그래. 그냥 다른 놈들처럼 다 그런다고 살다가 죽어. 그럼 편하잖아. 할 수 있는 사람이 할 수 있는 일을 하는 거야."

기막힌 말입니다. 오늘 우리 입에서 나오는 말이기도 합니다. 더욱이 우리에게도 이런 내면의 메시지가 있습니다. 그렇게 배웠습니다. "할 수 있는 사람이 할 수 있는 일을 하는 거야." 그래서 체념합니다. 오래전 제가 두 명으로 교회를 개척할 때 저는 어떤 이들처럼 진골도 성골도 아니었습니다. 가난하고 병들고(위암) 보잘것없는 스펙을 가진 존재였습니다. 그런데 하나님이 교회를 세울 때 주신 마음은 이것이었습니다. '조국의 잃어버린 청년들을 회복하라.'

1999년이었습니다. 당시 교회는 지하 2층에 있었는데 그 건물의 펌프 시설이 고장이 난 까닭에 똥물이 교회로 흘러 내려와 있었습니다. 벽에는 "우리는 세상을 바꾸는 꿈을 꾼다"라는 현수막이 붙어 있었습니다. 그런데 이상하게도 절망적이거나 비참하지 않았습니다. 당연히 주님이 주신 사명 때문이었습니다. 김창수가 했던 대답이 가슴 속에서 흘러나왔습니다.

"할 수 있어서 하는 게 아니다. 해야 해서 하는 거다."

〈파묘〉의 감독 장재현은 대학 시절부터 20여 년 동안 꿈이 있는교회를 다니면서 나의 영화설교를 접했다. 교회 20주년을 기념하며 진행한 인터뷰에서 그는 "〈검은 사제들〉(2015)이나 〈사바하〉(2019)에서 핵심 주제나 소재들이 다 목사님의 말씀"에서 비롯되었다고 했다. 오컬트영화를 만들지만 그 안에 기독교적 요소와 상징들을 잘 사용했다는 의미이다.

실제로 그가 만든 첫 장편 영화 〈검은 사제들〉에 나오는 '돼지 상징'을 보면 주님이 거라사 광인을 사로잡은 귀신을 쫓아내신 장면을 사용했음을 금방 알 수 있다. 설교자인 나는 영화 속 최 부제가 했던 대사에 주목했다. 놀랍게도 그 대사에 숨겨진 코드를 푸는 순간 〈검은 사제들〉은 단순한 오컬트영화가 아니라 강력한 메시지를 담은 기독교 영화가 되었다.

설교자인 나는 영화 속 최 부제가 했던 대사에 주목했다.
놀랍게도 그 대사에 숨겨진 코드를 푸는 순간 〈검은 사제들〉은 단순한
오컬트영화가 아니라 강력한 메시지를 담은 기독교 영화가 되었다.

아직 아무것도 준비되지 않은 최 부제는 귀신을 내쫓는 엄청난 구마 의식 현장에서 비참을 경험합니다. 그가 감당할 수 없는 것이었습니다. 결정적인 순간에 도망치는데 한쪽 신발은 제대로 신지도 못한 채 도망쳐 나옵니다.

도망치던 그가 과거 자신의 여동생이 개에게 물려 죽을 때 도망치던 자신의 모습을 봅니다. 그것은 오랫동안 그를 누르고 있었던 트라우마여서 두려움이 올 때마다 언제나 쓰러졌던 지점이었습니다. 하지만 갑자기 더 이상 도망하지 말아야 한다는 깨달음이 옵니다. 다른 존재로의 변환입니다. 바로 사제로서 갖게 된 '책임'이었습니다. 그 사이에 성숙해졌던 것입니다. 자세한 설명이 없지만 그것 때문이었습니다. 다시 최 부제는 그곳으로 돌아갑니다.

다시 그 자리로 돌아왔지만 여전히 동생 때문에 자책하고 있는 최 부제에게 김 사제는 의미심장한 말을 던지는데, 그 말과 이어진 악에 대한 태도는 중요합니다. 매우 중요한 메시지를 담고 있기 때문입니다.

"그때 저는 돌아가지 못했어요. 동생을 물고 있는 개가 너무 무서웠어요. 너무 컸어요."

"늬 잘못이 아니야. 늬 동생이 더 작아서 그런 거야. 짐승은 절대 자기보다 큰 놈한테 덤비지 않아. 그리고 악도 언제나 우리를 그런 식으로 절망시키지. 늬들도 짐승과 다를 바 없다고. 그런데 신은 인간을 그렇게 만들지 않았어."

영화를 볼 때 이 대사는 제게 강력하게 다가왔습니다. 진실이기 때문입니다. 우리가 어떤 존재인지를 한 방에 정리하기 때문입니다.

(중략)

압도적 대사였습니다. 그것으로 모든 것이 정리되었습니다. 우리는 하나님의 자녀이기 때문입니다. 잊지 말아야 합니다. 귀신 나부랭이 따위 가지고 호들갑을 떨 만큼 인간은 약하지 않다는 사실입니다. 그래서 영화에서 장미십자회, 어쩌고저쩌고 회가 인정한 주요 귀신 열두 마리 중의 하나, 완벽하게 숨겨진 강력한 귀신의 값이란 저기 새끼 돼지만도 못한 것이라고 정의할 때 통쾌했습니다. 감독은 그것을 정확히 알고 있었습니다.

그 놀라운 존재감으로 김 신부, 최 부제 그리고 영신은 강력하게 싸우고 있었습니다. 인간은 능히 대적함으로 이길 수 있습니다. 그것이 성경이 말하고 있는 내용이기 때문입니다.

그런 까닭에 무슨 열두 악령 중의 하나라 해도 귀신 나부랭이는 그렇게 소녀에게서 나와야 했습니다. 거기서 압권은 그 귀신 나부랭이를 새끼 돼지 안에 집어넣는 장면입니다. 그러니까 그 악령은 새끼 돼지 정도에 집어넣어도 될 만큼 하찮은 것이었습니다.

거룩한 인간에 대한 통찰력, 범접할 수 없는 고귀한 존재로서의 인간에 대한 묘사. 이 영화의 강력함입니다. 그리고 돼지를 물에 빠뜨리는 장면은 거라사 귀신 축출의 마지막의 재연이었습니다.

[음악] 노래는 심장으로 스며든다

영화는 영상만으로도 큰 영향력을 주지만 음악이 더해지면서 그 효과가 극대화된다. 그래서 음악은 영화의 메시지를 드러내는 아주 강력한 도구로 활용되곤 한다. 나 역시 영화설교에서 음악이 들어간 영화들을 자주 사용한다. 회중의 모든 감각에 영향을 주며 감동을 불러일으키기 때문이다.

예를 들어 〈사운드 오브 뮤직〉〈아마데우스〉〈카핑 베토벤〉(2007) 〈파파로티〉(2013) 〈호로비츠를 위하여〉(2006) 〈레미제라블〉(2012) 〈맘마 미아〉(2008) 〈위대한 쇼맨〉(2017) 〈보헤미안 랩소디〉(2018) 〈더 테너〉〈비긴 어게인〉(2014) 등은 음악을 중심으로 설교를 풀어 가기에 좋은 영화들이다. 물론 이런 '음악영화'들만 좋은 영화설교로 쓰일 수 있는 것은 아니다. 일반적인 영화에 사용된 음악에서도 얼마든지 인코딩된 메시지를 찾을 수 있다.

영화 〈쇼생크 탈출〉(1995)은 억울한 일로 종신형을 선고받고

음악은 영화의 메시지를 드러내는 아주 강력한 도구로 활용되곤 한다.
나 역시 영화설교에서 음악이 들어간 영화들을 자주 사용한다.
회중의 모든 감각에 영향을 주며 감동을 불러일으키기 때문이다.

감옥에 수감된 주인공 앤디의 탈출을 다룬 영화다. 수감 생활을 해야 하는 교도소 특성상 대부분의 죄수들은 오랜 시간 전혀 바깥세상을 경험하지 못한 채 갇혀 살아간다.

그러던 어느 날 교도소 도서관에서 일하던 앤디가 엘피판을 구하게 된다. 그는 교도소 규칙을 어기고 방송실 문을 걸어 잠근 채 죄수들을 위해 오페라 〈피가로의 결혼〉 중 백작 부인과 수잔나가 부르는 '편지의 이중창'을 틀어 버린다. 그런데 그 음악이 주는 메시지가 놀라웠다.

앤디는 이전 담당자들이 꿈도 꾸지 못했던 것, 도서관을 넓히는 계획을 품고 이를 시도합니다. 끈질긴 노력 끝에 주 정부에서 보내 준 예산으로 시설을 넓히고 확장하던 중 모차르트의 오페라 〈피가로의 결혼〉 음반을 얻게 됩니다.

앤디는 그 음반에서 백작 부인과 수잔나가 부르는 '편지의 이중창', "바람이 부드럽게"로 시작되는 아리아를 교도소 전 죄수가 들을 수 있도록 틀었습니다. 엄청난 도발이었습니다. 하지만 그 음악 속에서 감옥의 모든 사람들은 진정한 자유를 경험합니다. 죄수들의 음울한 얼굴에 감동과 환희의 물결이 스쳐 지나갑니다. 레드가 그 충격을 이렇게 고백합니다.

"아직도 난 그 여자들이 무엇을 노래했는지 모른다. 알 필요도 없고 알고 싶지도 않다. 꿈에서도 생각할 수 없는 높은 곳에서 아름다운 새가 날아가는 것 같았다. 교도소의 벽들도 무너지고 그 짧은 순간에 쇼생크의 모두는 자유를 느꼈다."

아리아 한 곡이 그들 스스로 감옥에 갇혀 있고 매여 있는 존재라는 것을 깨닫게 한 것입니다. 앤디의 다른 삶의 행위가 쇼생크에 갇혀 있는 사람들에게 쇼생크 밖을 꿈꾸게 한 것입니다. 그런 점에서 앤디가 들려준 아리아 한 곡은 쇼생크 탈출, 곧 영화의 원제(The Shaw-shank Redemption)처럼 쇼생크를 구원하는 행위였습니다. 그들의 마음속에 소망이 생길 가능성을 연 것입니다.

가만 돌아보면 음악은 내가 영화설교를 시작하게 된 동기였다. 교회를 시작하던 초기에 전도를 마음에 두고 열린예배를 자주 드렸는데, 그때 직접 쓴 스킷드라마를 주로 사용했다. 그러던 어느 날 영화 〈타이타닉〉을 접하게 되었다. 특히 배가 침몰할 때 음악가들이 침몰 직전까지 찬송가 〈내 주를 가까이 하게 함은〉을 현악 4중주로 연주하던 장면은 압권이었다. 이것은 말로 설명할 수도, 드라마로 표현할 수도 없었다. 그래서 직접 그 부분을 영상으로 보여 주었는데, 그것이 영화설교를 시작하게 된 계기였다.

〈더 테너〉는 실존 인물인 테너 배재철을 그린 영화다. 이처

AGAIN, THE TENOR

9월, 다시 기적을 노래하다.

더 테너
리리코 스핀토
THE TENOR LIRICO SPINTO | 감독판 | DIRECTOR'S CUT

2015.09.07~10.04 | 동양예술극장 2관

가만 돌아보면 음악은 내가 영화설교를 시작하게 된 동기였다.
교회를 시작하던 초기에 전도를 마음에 두고 열린예배를 자주 드렸는데,
그때 직접 쓴 스킷드라마를 주로 사용했다.

영화설교 수업

럼 실존 인물을 소재로 다룬 영화로 설교할 때는 위험 요소가 있다. 예를 들어 오랫동안 설교 자료로 사용했던 성악가 김호중의 실화를 다룬 영화 〈파파로티〉처럼, 도중에 실존 인물이 스캔들이나 문제를 일으키는 경우가 있기 때문이다. 그러므로 지나치게 그 인물을 신비롭게 풀어 가거나 완전한 것 같은 내용으로 접근하는 것은 주의해야 한다.

〈더 테너〉를 짧게 소개하면 국제 콩쿠르에서 최우수 테너상을 휩쓸며 유럽인들로부터 찬사를 받던 배재철이 어느 날 성대에 문제가 생긴 것을 발견한다. 갑상선암이었다. 물론 수술을 하면 일상생활에는 지장이 없지만 섬세하게 노래를 해야 하는 성악가에게는 치명적으로 위험한 것이었다.

그러므로 수술은 매우 정밀하게 이뤄져야 했다. 목 부위만 마취된 상태에서 수술을 하는데, 봉합을 마친 후 의료진이 배재철에게 요청하는 대사 속에 영화설교를 풀어 갈 코드가 숨겨져 있었다.

수술은 소리에 대한 수술이기 때문에 부분 마취로 진행되었습니다. 소리를 들어 가며 수술을 해야 하기 때문이었습니다. 드디어 수술을 다 마치고 봉합한 후 마이크를 갖다 대고 간호사가 말합니다.

"아무거나 한번 노래해 보시겠어요?"

아무거나, 그것은 내 안에 있는 것을 의미합니다. 어떤 사람은 수술한 후 깨어나는데 쌍욕을 하더랍니다. 그동안 조용히 눌려 있던 것이었습니다. 그것도 그 사람 안에 있던 것입니다. 그런데 배재철의 입에서 나온 첫마디는 바로 찬양이었습니다. 찬송가 79장 〈주 하나님 지으신 모든 세계〉였는데, 그의 첫마디는 "주 하나님"이었습니다. 배재철 안에 있는 것이었습니다.

주님이 가이사랴 빌립보에서 제자들과 대화하실 때의 일입니다. 주님이 물으셨습니다. "너희는 나를 누구라 하느냐?"(마 16:15) 그때 얼떨결에 베드로가 대답합니다. "주는 그리스도시요 살아 계신 하나님의 아들이시니이다"(마 16:16)

정말 얼떨결에 나온 것입니까? 아니었습니다. 주님이 이렇게 말씀하셨습니다. 그 말의 근원에 대한 것이었습니다.

"바요나 시몬아 네가 복이 있도다 이를 네게 알게 한 이는 혈육이 아니요 하늘에 계신 내 아버지시니라"(마 16:17)

놀랍게도 베드로가 생각한 것은 하나님이었습니다. 그는 하나님의 생각을 말하고 있었던 것입니다. 하나님이 베드로에게 속삭이신 것입니다. 그러니까 베드로는 하나님의 생각을 안 것입니다. 얼떨결에 나온 것의 근원에 하나님이 계셨던 것입니다.

그러므로 배재철이 꺼낸 노래 첫마디가 "주 하나님"인 것은 우연일 수 있겠지만, 하나님이 베드로에게 속삭이신 것처럼 배재철에게도 속삭이신 것일 수 있습니다. 하나님이 성령을 통해 말씀하시기 때문입니다.

"보혜사 곧 아버지께서 내 이름으로 보내실 성령 그가 너희에게 모든 것을 가르치고 내가 너희에게 말한 모든 것을 생각나게 하리라"
(요 14:26)

주님이 말씀하셨듯이, 성령을 통하여 베드로에게 속삭이셨던 하나님이 배재철에게도 그리고 우리에게도 말씀하고 계신 것입니다. 그런 의미에서 신앙은 생각이라고 말할 수 있습니다.

〈슈렉〉(2001)은 음악영화는 아니지만 영화 속에 나오는 음악에 작품 전체를 푸는 코드가 숨겨져 있다. 피오나 공주를 파쿼드 성주에게 보낸 후 슈렉이 혼자 오두막집에 있을 때 루퍼스 웨인라이트가 부른 〈할렐루야〉가 흘러나온다.

이 노래를 배경으로 거닐던 슈렉이 노래가 끝나자 피오나 공주의 결혼식이 열리는 궁으로 가는 장면이 나온다. 늘 자신의 괴물 같은 모습을 부끄러워하며 살던 슈렉이 자기 마음을 고백하기 위해 결혼식에 간 것이다. 왜 이런 결정을 한 것일까? 사실 영화 어느 곳에도 슈렉이 피오나 공주에게 담대하게 나가게

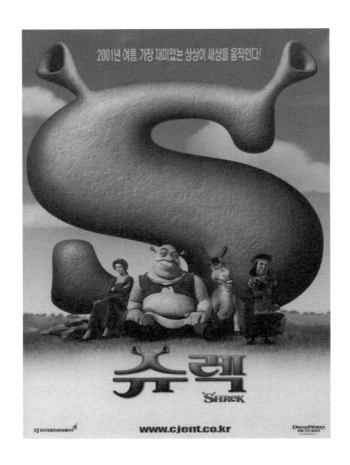

영화 어디에도 슈렉이 피오나 공주에게 담대하게 나가게 된 동기를
설명하는 장면은 나오지 않는다. 오직 힌트는 노래 〈할렐루야〉가
전부다. 그 노래가 슈렉의 문제를 푸는 열쇠라는 뜻이다.

영화설교 수업

된 동기를 설명하는 장면은 나오지 않는다. 오직 힌트는 노래 〈할렐루야〉가 전부다. 그 노래가 슈렉의 문제를 푸는 열쇠라는 뜻이다.

그렇다면 그 노래는 무슨 내용을 담고 있을까? 〈할렐루야〉는 다윗의 내적 싸움에 대한 내용을 담고 있다. 바로 사무엘하 11장에 나오는, 다윗이 목욕하고 있던 자신의 부하 우리아의 아내 밧세바를 범한 내용을 담고 있는데, 그것 때문에 부서진 왕좌와 무너진 행복에 대한 내용이 담겨 있다.

생뚱맞지만 〈슈렉〉에 그런 성서 이야기를 담은 노래를 넣어 전체 메시지를 이끈 것이다. 대부분의 사람들이 영화를 볼 때 놓친 내용이다. 그 노래 가사의 일부분은 다음과 같은데 사무엘하 말씀을 대조하면서 읽으면 확실히 그 내용이 보인다.

I've heard there was a secret chord That David played,

다윗이 연주했던 감춰진 노래가 있다고 나는 들었어.

and It pleased the Lord.

그런데 그 노래는 주님을 기쁘게 했지.

You saw her bathing On the roof.

지붕 위에서 너는 그녀가 목욕하는 것을 보았어.

Her beauty and the Moonlight overthrew you

그녀의 아름다움과 달빛은 너를 사로잡았지.

She tied you to a kitchen chair

그녀는 너를 의자에 묶었고

She broke your throne

그녀는 너의 왕좌를 부쉈으며

And she cut your hair

너의 머리카락을 잘랐어.

And from your lips She drew the Hallelujah.

그리고 너의 입술에서 할렐루야를 앗아 갔지.

And love is not a victory march.

그래서 사랑은 승리의 행진이 아니야.

It's a cold and It's a broken Hallelujah.

그것은 차갑고 부서진 할렐루야이지.

　　주로 어린아이들이 부모와 봤을 애니메이션 영화에 흘러나오는 노래는 사실 19금 내용을 담은 것이었다. 여하튼 이 노래의 포인트 가사는 "부서진 할렐루야"라는 부분인데, 시편 51편에서 다윗이 고백하는 "하나님께서 구하시는 제사는 상한 심령이라"(시 51:17)라는 말씀을 가사로 만들었음을 알 수 있다. 이미 언급했듯이 슈렉은 이 노래 장면이 끝난 후 피오나 공주를 찾아

성으로 들어간다.

　감독이 이 노래를 사용한 것은 슈렉의 고민을 다윗의 고민과 동일시한 것이다. 이를 통해 누구든지 상한 심령으로, 곧 부서졌을지라도 정직하게 나왔던 다윗처럼 우리도 비록 깨지고 부서졌을지라도 정직하게 나서는 삶이 중요하다는 메시지로 해석했다. 이처럼 다윗의 밧세바 사건을 설명하는 순간 영화 〈슈렉〉은 복음을 담은 영화가 되었다.

> "하나님께서 구하시는 제사는 상한 심령이라 하나님이여 상하고 통회하는 마음을 주께서 멸시하지 아니하시리이다"(시 51:17)

Chapter 5

영화설교의 실제

영화 〈하루〉를 중심으로

영화로 설교하는 것이 쉬워 보이면서도 실제로 해 보면 어려운 이유는 영화설교가 생소한 분야이기 때문이다. 더욱이 세속 영화로 설교하는 까닭에 그 영화를 기독교적 혹은 성서적 시각으로 해석한 책이 없다는 점, 즉 충분한 자료가 없다는 점은 영화설교를 시도하는 설교자들이 가장 힘들어하는 부분이다. 이는 앞에서 충분히 짚어 본 내용이다.

설교자는 스스로 일종의 해석 기관이 되어야 한다. 영화설교의 경우 말씀을 읽고 본문을 좇아 영화를 구하는 것이 매우 힘들기 때문에, 영화를 보는 순간 성령의 도우심을 받아 내 안에 있는 말씀들과 연합하여 해석이 동시적으로 흘러나와야 한다. 그러므로 영화설교자들은 평상시에 충분히 말씀을 읽고 연구하고 묵상하는 준비가 필요하다.

그뿐만 아니라 평소 독서를 통하여 인문학적 지식을 충분히 쌓아야 한다. 영화는 세상 모든 문화와 내용을 다 포함한 종합예술 장르이기 때문에 우리가 확장된 지식을 갖고 있을수록 영화 해석이 쉬워지기 때문이다. 이와 함께 성령의 인도하심에 민감해야 한다. 영화설교를 준비하기 전에 이미 설교자는 기도로 준비가 된 상태여야 한다.

영화 선택과 감상

설교를 위해 어떤 영화를 선택해야 할지 고민이 될 수 있다. 그러나 깊이 고민할 필요가 없는 까닭은 대부분의 영화가 우리의 삶을 다루고 있기에, 어느 주제 하나 간과할 수 없기 때문이다. 물론 영화의 영향력 또한 무시할 수 없기에 가급적 피해야할 영화들이 있다. 지나친 애정 영화, 잔인한 폭력 영화, 그리고 왜곡된 오컬트영화들이다. 물론 그런 영화들이 위험하다는 것을 말하기 위하여 영상 클립 없이 위험을 지적하는 예로 설명할 수는 있다.

이제 영화를 선택하는 과정부터 살펴보자. 꿈이있는교회의 경우 주일 2부 예배에 영화설교를 한다. 이를 위해 우선 주제를 정한다. 주제가 정해지면 스태프들과 교인들의 자유로운 추천을 받은 후 설교자가 영화 리뷰, 평론 등을 참조하여 주제에 적절한 영화를 확정한다.

영화설교는 보통 두 달 정도를 한 시리즈로 잡아서 진행한다. 이렇게 미리 일정을 정해 두면 시간에 쫓기지 않고 영화를 감상하고 자료들을 찾을 수 있다. 예를 들어 2024년 9월, 10월에 했던 139번째 열린예배 시리즈의 주제는 '우리 모두가 음악이다'였다. 이때 영화들은 정해진 주제에 맞춰서 찾아 선택했는데 다음과 같다.

9월 1일	책 읽는 예배, 『1세기 교회 이야기』
9월 8일	〈아빠의 바이올린〉(2022)
9월 15일	〈레미제라블〉(2012)
9월 22일	〈즐거운 인생〉(2007)
9월 29일	〈엔니오: 더 마에스트로〉(2023)
10월 6일	책 읽는 예배, 『팀 켈러의 탕부 하나님』
10월 13일	〈제리 맥과이어〉(1997)
10월 20일	〈부에나 비스타 소셜 클럽〉(2001)
10월 27일	〈이차크의 행복한 바이올린〉(2008)

이처럼 영화가 정해지면 먼저 그 영화에 대한 사전 조사를

한다. 신문, 방송, 칼럼, 지인들의 감상평까지 찾아 읽으면서 영화에 대한 기본 내용과 반응, 느낌을 우선 정리한다. 그리고 영화를 감상한다. 영화를 보기 전에 우선 준비할 부분이다.

첫째로 영화를 보기 전에 기도한다. 영화를 보는 동안 영화를 통해 하나님이 말씀하실 때 들을 수 있는 귀의 민감함을 위해서 기도를 한다.

둘째로 설교자는 편견이나 선입견 없이 영화 러닝타임 전체를 본다. 혹시 영화를 보면서 떠오르는 생각이나 인사이트들이 있다면 간단히 메모한다. 그뿐만 아니라 떠오르는 성경 말씀을 적어 둔다.

셋째로 영화를 다 본 후에는 느낀 점을 간단하게 정리한다. 특히 처음 그 영화를 봤을 때 다가오는 느낌을 정리하는 것이 매우 중요하다. 그리고 나름대로 가능성 있는 주제들을 거칠게라도 적어 본다. 이때 앞에서 살펴본 코드인 배경 지식, 오프닝과 클로징, 상징과 이미지, 타이틀, 대사, 음악 등의 카테고리를 염두에 두고 정리하면 좋다.

마지막으로 이미 정해진 말씀을 중심으로 자세히 영화를 보면서 정리한다. 이때 주제에 따라 영화 장면들을 취사선택한다. 이 부분이 결코 쉽지는 않다. 재미있는 장면이나 원래 그 영화의 하이라이트 장면이 눈에 걸리기 때문이다. 하지만 영화설교는 영화의 재미있는 장면을 보여 주는 데 목적이 있지 않다.

반드시 말씀 주제에 맞춰 영화 장면을 선택하고 흐름에 맞지 않으면 과감히 버려야 한다.

영화설교 작성하기

영화설교를 작성하는 것이 처음에는 쉽지 않을 수 있다. 따라서 어느 정도 익숙해지기 전까지는 일정한 형식으로 설교를 구성하는 것이 좋다. 지금부터 영화 〈하루〉를 예로 들어 영화설교를 어떻게 작성할 수 있는지 살펴보자. 참고로 설교 제목은 '단 하루를 살지라도'이며 성경 본문은 마태복음 6장 26~34절로 정했다.

〈하루〉는 2001년 1월에 개봉된 영화로 배우 이성재와 고소영이 주연한 영화다. 영화를 만든 한지승 감독은 이 작품으로 38회 대종상 감독상을 받았다. 하지만 이상하게도 감독 본인은 이 영화를 실패한 영화로 보고 있었다. 영화예배 컨퍼런스에 초청하여 감독의 강의를 듣고 이 영화로 설교도 하고 싶어서 통화했을 때 그렇게 반응했다.

하지만 이 영화는 앞에서 언급한 것처럼 단순한 영화가 아니다. 한지승 감독은 몰랐겠지만, 이 영화로 인해 최소한 한 아이가 살아났기 때문이다. 생명을 살린 영화였다. 이런 일이 일어날 것이라고는 설교자인 나도, 영화를 만든 그도, 설교를 들은 그 누구도 몰랐다.

그럼에도 영화는 말씀으로 재해석되어 우리 안으로 들어왔고, 하나님은 그 영화와 설교를 통해서 역사하셨다. 신묘막측하지 않을 수 없다. 이처럼 하나님은 설교자를 통하여 해석하시고 지혜를 주시고 말씀하신다. 경건한 설교자가 먼저 되어야 하는 결정적 이유이다.

영화설교는 크게 다섯 단계로 진행된다.

① 설교를 위해 영화 속으로
② 코드를 풀어 성경 속으로(decoding)
③ 성경 이해를 가지고 현실 속으로(applying)
④ 설교를 돌아보는 영화묵상(reflecting)
⑤ 말씀이 스스로 말씀하시다

영화설교는 설교자가 설교를 위해 영화 속으로 들어가 시청하는 것으로 시작된다. 당연히 회중과 같은 위치에서 영화를 보기에 회중을 이해하는 일이 벌어진다.

하지만 동시에 설교자는 일반 회중과 달리 영화를 보는 동안 숨겨진 코드, 곧 인코딩된 것을 찾아야 한다. 그리고 인코딩된 것은 설교자의 성서적 세계관에서 이해되고, 그 코드를 푸는 디코딩 작업이 이루어지게 된다.

이렇게 코드를 푼 후에는 성경 속으로 들어간다. 디코딩된 부분을 성경으로 해석하는 것이다. 그 후 해석된 영화를 디코딩되어 해석된 말씀으로 재편집한다.

이어서 해석된 말씀을 우리가 살고 있는 현실에 적용한다. 성경 이해를 가지고 현실 속으로 들어오는 단계이다.

그리고 설교를 마치면서 다시 설교 전체를 묵상하는 시간을 갖는데, 설교를 돌아보는 영화묵상 단계이다. 약간의 기술이 필요하기는 하지만 매우 효과적이다.

이렇게 영화설교는 끝나지만 이제부터 증거된 말씀이 스스로 말씀하시는 일이 벌어질 것이다. 이것은 설교자의 일이 아니라 성령께서 하시는 일이다.

설교를 위해 영화 속으로

보통 영화설교는 영화의 스토리를 설명하는 것으로 시작한다. 영화 〈하루〉의 경우 영화설교의 전반부 클립 세 개는 스토리를 설명하는 데 사용했다.

S.1 행복한 결혼(0:00:30~0:02:27)

S.2 진원의 임신, 그 즐거움(0:23:25~0:26:27)

S.3 아이를 낳기로 설득함(1:03:47~1:04:53, 1:11:48~1:13:58)

〈하루〉는 회중 대부분이 본 흥행한 영화는 아니다. 그런 까닭에 스토리를 설명할 필요가 있지만 꼭 그것 때문만은 아니다. 설교자의 스토리텔링 구도 속으로 회중들을 초청하기 위해서는 설명이 필요하다.

사실 모든 사람은 영화를 보았든 보지 않았든 그 영화에 대한 선입견 혹은 해석된 생각들을 가지고 있다. 그런 까닭에 일단 스토리의 영역을 정리해서 좁혀 줄 필요가 있다. 짧은 클립과 더불어 영화 전체 줄기를 정리하는 설교자의 설명은 회중으로 하여금 설교 속으로 들어오게 도와준다.

이때 주의할 것은 설교하고자 하는 내용과 관련된 부분만 보여 줘야 하고 그것도 매우 간결해야 한다. 보통 재미있는 장면들을 보여 주고 싶은 욕심이 생길 수 있는데 주의해야 한다. 영화는 설교를 위해 필요한 것이지 영화를 보여 주는 것이 설교가 아니기 때문이다. 그것을 염두에 두고 스토리를 전달하기 위해 선택한 세 개의 클립에는 이런 내용이 담겼다.

S.1 행복한 결혼(0:00:30~0:02:27)

장난감 회사에 다니는 석윤과 디자이너인 진원, 서로 대학 시절부터 사랑하여 결혼을 했습니다. 만족할 만한 생활. 그런데 두 사람 사이에는 문제가 있었는데 결혼한 지 6년이 지났는데도 아이가 없는 것이었습니다. 벌써 세 차례나 인공수정을 시도했지만 실패했고, 마지막으로 한 번 더 시도한 끝에 임신을 하게 됩니다. 그것은 마치 단비와도 같은 엄청난 기쁨이었습니다.

S2. 진원의 임신, 그 즐거움(0:23:25~0:26:27)

아이를 가졌지만 그 기쁨은 오래가지 않았습니다. 태중의 아이에게 문제가 있었습니다. 뇌가 없는 상태였습니다. 무뇌증. 만일 태어나더라도 하루밖에 살 수 없는, 실제는 죽은 것과 다름없는 아이였습니다. 이 사실을 발견하자마자 의사는 낙태를 권면했고, 남편 석윤도 아내 진원에게 낙태하자고 설득했습니다. 하루밖에 살지 못하는 그 아이가 의미 없어 보였고, 더 큰 고통, 손해만 가중될 것임에 틀림이 없다고 생각한 것입니다.

우리 역시 이런 경우 낙태에 쉽게 동의합니다. 특히 원하지 않는 임신을 한 경우에도 낙태를 합니다. 그때는 슬그머니 사회가 혹은 가족들이 합리화시켜 줍니다. 그러므로 이 경우 낙태는 매우 당연했습니다. 더욱이 태어나자마자 하루 만에 죽게 될 아이를 초기에 낙태하는 것은 산모를 위해서도 바람직한 일이었습니다.

그런데 엄마 진원이 아이를 낳겠다는 것입니다. 단 하루밖에 살 수 없는 아이를 말입니다. 오히려 아내는 남편을 설득합니다. 남편을 설득하면서 진원이 말하던 대사가 가슴을 아리게 합니다.

"우리는 아이를 원했던 거지. 그 아이가 어떤 아이이길 바랐던 것은 아니잖아. 우리 도망치지 말자. 희망이 있을 수 있잖아. 그 아이가 단 하루를 살다 가더라도 감사할래. 부탁해. 나 좀 도와줘."

S.3 아이를 낳기로 설득함(1:03:47~1:04:53, 1:11:48~1:13:58)

코드를 풀어 성경 속으로

세 번째 클립에 나오는 아내의 대사 "단 하루를 살다 가더라도"에서 영화를 푸는 코드를 찾았다. 바로 영화의 제목이기도 한 '하루'였다. 바로 이 지점이 영화설교의 핵심 부분이다.

이 대사를 듣는 순간 떠오른 장면은 십자가상의 강도였다. 그 강도는 십자가 위에서 죽기 전에 예수를 시인했다. 그러니까 그 강도가 하나님의 자녀로 살았던 시간은, 그가 "예수여 당신의 나라에 임하실 때에 나를 기억하소서"(눅 23:42)라고 고백한 후 주님이 "오늘 네가 나와 함께 낙원에 있으리라"(눅 23:43)라고 말씀하신 그 순간부터 죽음에 이르기까지 불과 몇 시간에 지나지 않았다. 하나님의 눈으로 보자면 그 강도는 '하루'를 산 것이 아니라 어쩌면 '한 시간'을 산 자녀일지도 모른다는 깨달음이 왔다. 동시에 떠오른 말씀은 마태복음 7장 30절 말씀이었다.

> "오늘 있다가 내일 아궁이에 던져지는 들풀도 하나님이 이렇게 입히시거든 하물며 너희일까 보냐 믿음이 작은 자들아"(마 6:30)

이 말씀은 나에게 이렇게 재해석되어 다가왔다. '영화 속 그 아이도, 이 들풀도 하루밖에 살 수 없을지라도 의미 없는 것이 아니다. 하루를 살든 백 년을 살든 그게 중요한 것이 아니다. 주님이 먹이시고 입히시고 있기 때문이다.' 다음은 이어진 설교문이다.

엄청난 이야기입니다. 사실 우리는 하루를 하찮게 여깁니다. 그런데 엄마는 하루든 백 년이든 시간이 중요하지 않았습니다. 엄마에게 그 아이는 자신의 아이였기 때문입니다.
실용적이고 성과 위주의 세계관이 지배하는 세상에서 이 같은 결정은 어리석은 것입니다. 하루밖에 살 수 없고, 제왕절개를 해야 하니 엄마의 몸도 상하는 등 한두 가지 손해가 아니었습니다. 더욱이 젖

한 번도 물릴 수 없는 아이이어서 품에 안을 수도 없었습니다. 그러므로 낳는 것은 어리석은 것입니다.

그런데 낳겠다는 것입니다. 하루든 백 년이든 상관없다는 것입니다. 바보 같습니다. 그런데 성경에 똑같은 말씀이 있습니다. 삶을 염려하며 사는 우리에게 하신 말씀입니다.

"그러므로 내가 너희에게 이르노니 목숨을 위하여 무엇을 먹을까 무엇을 마실까 몸을 위하여 무엇을 입을까 염려하지 말라 목숨이 음식보다 중하지 아니하며 몸이 의복보다 중하지 아니하냐 공중의 새를 보라 심지도 않고 거두지도 않고 창고에 모아들이지도 아니하되 너희 하늘 아버지께서 기르시나니 너희는 이것들보다 귀하지 아니하냐 너희 중에 누가 염려함으로 그 키를 한 자라도 더할 수 있겠느냐 또 너희가 어찌 의복을 위하여 염려하느냐 들의 백합화가 어떻게 자라는가 생각하여 보라 수고도 아니하고 길쌈도 아니하느니라 그러나 내가 너희에게 말하노니 솔로몬의 모든 영광으로도 입은 것이 이 꽃 하나만 같지 못하였느니라 오늘 있다가 내일 아궁이에 던져지는 들풀도 하나님이 이렇게 입히시거든 하물며 너희일까 보냐 믿음이 작은 자들아"(마 6:25~30)

하루하루를 걱정하는 우리들에게 예로 드신 것은 공중의 새와 들의 백합화였습니다. 그들을 먹이시고 입히신다고 말씀하셨습니다. 더

욱이 전혀 관심도 갖지 않는 들풀을 예로 드셨습니다. 그것도 베어
져서 내일은 아궁이에 던져질 신세의 하찮은 들풀을 예로 꺼내셨습
니다.

"오늘 있다가 내일 아궁이에 던져지는 들풀도 하나님이 이렇게 입히
시거든 하물며 너희일까 보냐 믿음이 작은 자들아"(마 6:30)

하루밖에 살지 못하는 들풀, 오늘은 백합화지만 내일은 하찮은 들풀
이 되는 존재와 같이 허망해 보일지라도 하나님은 그렇게 여기지 않
으신다는 뜻입니다. 하루라도 귀하다는 뜻입니다. 정확히 말해서 그
꽃의 존재가 아름답다는 뜻입니다.

이 말을 하시면서 주님께서 덧붙이신 "하물며 너희일까 보냐 믿음이
작은 자들아"라는 말씀이 중요합니다. 주님은 지금 존재의 가치를
말하고 있기 때문입니다. 하루를 사는가 백 년을 사는가의 문제가
아니라 우리 존재 자체가 귀하다는 뜻이기 때문입니다.

이 놀라운 비밀을 확증하신 것은 십자가 위에서였습니다. 십자가에
달린 한 강도가 예수 그리스도를 인정하면서 자신을 기억해 달라고
부탁했을 때였습니다. 용서해 달라는 말이 아니었습니다. 새롭게 시
작하겠다는 말도 아니었습니다. 그냥 대책 없는 끝에 다다른 존재였
기 때문입니다. 그 강도가 할 수 있는 것은 아무것도 없었습니다. 그
저 죽는 것만 남아 있었습니다. 그래서 '구원해 달라'가 아니라 '기억

해 달라'는 말을 한 것입니다. 그런데 그에게 주님이 신속하게 선포하셨습니다.

"예수께서 이르시되 내가 진실로 네게 이르노니 오늘 네가 나와 함께 낙원에 있으리라 하시니라"(눅 23:43)

주님이 하신 이 말씀에 놀라운 비밀이 숨어 있습니다. '오늘'이라고 번역된 헬라어 '세메론'은 보통 정관사 '호'와 '날'의 뜻을 가진 '헤메라'의 합성어입니다. 그래서 직역하면 'this very day'로 번역될 수 있습니다. 바로 오늘 이루어진다는 말입니다.

또한 우리가 주의해야 할 문장은 "네가 나와 함께 낙원에 있으리라"라는 말씀입니다. 이 문장에서 중요한 부분은 '네가 있으리라'입니다. 이 부분은 헬라어 성경에서 '에세' 곧 문법으로는 미래 중간태 디포넌트 동사를 쓰고 있습니다. 이것이 무시무시한 의미를 담고 있습니다.

우선 디포넌트 동사는 문법적으로는 중간태나 수동태 모습을 갖추나 능동적인 의미를 갖습니다. 그렇다고 동작이 주어에게 주어지는 형태로서 중간태 의미가 사라지는 것이 아니라 그 단어 안에 의미를 담고 있습니다. 다시 설명하면 '강도가 낙원에 있게 될 것이다'라는 의미입니다. 그런데 그것의 내면에는 그 동작을 일으키는 예수 그리스도의 행위가 성령의 감동에 의해 강도 스스로 깨닫고 능동적인 참여에 이르게 된다는 의미가 됩니다. 그러므로 이런 뜻입니다.

"예수 그리스도의 선포의 의지는 분명하고 반드시 그 일을 이룰 것이다. 그런데 당장은 강도가 받아들이지 못하겠지만 곧 받아들이게 될 것이고 심지어 그가 능동적으로 참여하게 될 것이다."

주님은 강도의 고백을 가지고 모든 것을 다 만드시고 그것을 핑계로 완전한 구원에 이르도록 이끄신다는 말입니다. 그렇다면 왜 주님은 그렇게 신속하게 반응하신 것입니까? 단 하루도 살 수 없는 강도에게 왜 이렇게 소모적으로 사랑을 낭비하신 것입니까? 백 년 동안 사랑받았어야 할 존재인 그가 뒤늦게 받아들인 순간 그에게 남은 시간이 몇 시간 되지 않기에 백 년의 사랑으로 그 강도를 사랑하신 것입니다. 구원을 과도하게 베푸신 것처럼 보이는 이유입니다.

하루든 백 년이든 시간의 문제 혹은 효용성의 문제가 아니라 존재의 문제이기 때문입니다. 엄마 진원이 하루밖에 살 수 없는 아이를 낳고자 하는 이유입니다. 영화는 아름답습니다. 아빠 석윤도 그 아름다운 가치를 알고 행동하기 때문입니다.

아이를 낳았을 때입니다. 아빠 석윤이 달려간 곳은 동사무소였습니다. 그는 두 사람의 이름을 따서 정한 '윤진'이란 이름으로 출생신고를 합니다. 그는 아이를 자신의 호적에 올려 이름이 기록된 주민등록등본을 가지고 돌아옵니다. 하루밖에 살 수 없지만 그 아이의 이름이 들어 있는 등본을 들고 인큐베이터에 있는 아이 앞에 서는 것은 당연한 것이었습니다. 하루를 살든 백 년을 살든 그들의 자식이었기 때문입니다.

우리도 마찬가지입니다. 우리의 가치는 무엇을 할 수 있고 없는 능력의 크기와 관계있는 것이 아니라 우리 존재 자체에 달려 있습니다. 이것을 잊어서는 안 됩니다.

S.4 출생신고(1:36:28~1:41:06)

성경 이해를 가지고 현실 속으로

코드를 풀어 성경 속으로 들어가 해석된 말씀은 오늘 우리 자신이 만난 현실 속으로 들어가 적용되었다. 이때 강조한 점은 '오늘, 지금'의 중요성에 대한 것이었다.

우리는 여기서 매우 중요한 메시지들을 발견하게 됩니다.
첫째는 하루를 살든 백 년을 살든 모두 아름다운 인생이며, 하나님의 섭리 가운데 있다는 것입니다. 다른 말로 하면 장애를 가지고 태어나든 비장애로 태어나든 모두가 귀하다는 사실입니다. 하루만 살다 가는 들풀이 온갖 영화를 누리며 살았던 솔로몬보다 결단코 불행하거나 덜 귀하거나 하지 않다는 말입니다.

저는 이것을 발견하는 것이 신앙이라고 생각합니다. 그럴 때 우리는 정말로 감사할 수 있습니다. 단 하루를 살다 가더라도 그 시간 속에서 하나님의 숨결을 느낄 수 있는 것이 신앙입니다. 바꿔 말해서 자신의 존재 의미를 깨닫지 못한 채 산다면 많은 부와 영화를 누리면서 백수를 누린 삶이라 할지라도 비참할 수 있다는 뜻입니다. 언젠가 우리 앞에는 죽음이 다가올 터이고, 우리의 삶에 대한 가치는 반드시 매겨질 것이기 때문입니다.

그 사실을 안 사람이 솔로몬이었습니다. 세상의 모든 부귀를 누리고, 수많은 아내들을 거느려 성적인 만족을 누리고, 손에 쥐는 것과 사용하는 것은 온통 황금으로 만들어 영화를 누리고, 많은 지식을 가져서 세상 사람들이 부러워하고 존경하는 즐거움을 누렸던 솔로몬이 죽음 앞에서 고백한 내용은 이런 것이었습니다.

"헛되고 헛되며 헛되고 헛되니 모든 것이 헛되도다 해 아래에서 수고하는 모든 수고가 사람에게 무엇이 유익한가"(전 1:2~3)

둘째는 우리에게 주어진 시간이 얼마나 귀중한가 하는 점입니다. 우리가 범할 수 있는 가장 큰 오류는 하루를 살다 갈 것이기에 하찮다고 생각하는 것입니다. 그러나 하루만 살 수 있기 때문에 하루는 더 귀중한 것입니다. 왜냐하면 하루만 남았기에 그 하루 동안 가장 최선의 삶을 살 것이기 때문이고, 그만큼 완벽하고 아름다운 삶을 살 수 있기 때문입니다.

그래서 그렇습니까? 죽음을 앞둔 사람들, 즉 시간이 정해진 사람들은 아름다워집니다. 심지어 사람들을 수없이 죽인 자들도 사형일이 정해지면 아름다워집니다. 더 이상 미래는 없기 때문입니다. 진실해집니다. 정직해집니다. 그런 의미에서 볼 때 오히려 오랜 날을 사는 것이 불행입니다. 왜냐하면 오랜 날을 살 것이라 생각하면 오늘 하루를 우습게 여기기 때문입니다. 내일이 있는 까닭에 오늘 내게 주어진 시간들을 내 마음대로 소비하고 허비합니다. 시간이 널널해 보입니다.

제가 위를 전 절제하는 위암 수술을 하며 죽음 근처까지 갔다 온 다음에 벌어진 가장 큰 변화가 무엇인지 아십니까? 시간이 아깝다는 것입니다. 시간이 빨리 지나갑니다. 한 시간도 소홀히 보낼 수 없다는 생각에 사로잡힙니다. 로마의 감옥에 감금되어 사형일을 기다리던 바울도 누구보다 이 사실을 잘 알고 있었습니다. 그가 에베소교회에 보낸 편지에서 이렇게 권면한 이유입니다.

"그런즉 너희가 어떻게 행할지를 자세히 주의하여 지혜 없는 자 같이 하지 말고 오직 지혜 있는 자 같이 하여 세월을 아끼라 때가 악하니라"(엡 5:15~16)

즉 바울은 우리의 삶을 자세히 돌아보아 헛되이 살지 말고 매일매일 최선의 삶을 살아가라고, 그것이 지혜로운 자의 삶이라고 말하고 있습니다. 바로 그것이 세월을 아끼는 것입니다. 여기서 "세월을 아끼라"에 쓰여진 헬라어 원어는 '엑사고라조'인데, '속량하다' '다시 살다'라는 의미를 갖고 있습니다. 그래서 영어 성경은 "Redeem the time"이라고 번역하기도 합니다. 직역하면 "시간을 구원하다"라는 뜻입니다. 시간을 구원하다, 매우 의미 있는 말입니다.

시간이 많이 남아 있는 것, 우리 젊은 시기에는 대체적으로 그렇습니다. 그렇지만 시간을 지옥에 빠트리지 마십시오. 백 년을 사는 것을 자랑하지 마시고 하루를 살더라도 그 시간을 구원하여 가치 있게 살아야 합니다. 이같이 시간을 구원하는 삶은 그 사람이 구원받는 삶을 살게 합니다.

영화에서도 그런 일이 벌어집니다. 하루가 귀중하다는 인식을 갖게 되면서 진원과 석윤은 아름다운 사람이 되어 갔기 때문입니다. 특히 엄마 진원은 투정만 부리며 부모를 여읜 자신을 지극으로 키워 주신 이모의 마음을 아프게 했던 것을 돌아보게 되었고, 결국 자기 아이의 장기를 고통받는 다른 아이들을 위해 쓰는 것에 동의할 만큼 아름다운 사람이 됩니다. 하루의 귀중함을 아는 사람들에게 주어지는 하나님의 축복입니다. 하루를 귀하게 여기는 순간부터 우리는 아름다운 사람이 되는 것입니다. 그것이 바로 시간을 구원하는 것입니다.

설교를 돌아보는 영화묵상

영화설교의 또 다른 강점은 설교를 마치고 난 후에 다시 설교를 돌아보는 역할을 하는 '영화묵상'을 할 수 있다는 것이다. 전체 설교를 되짚어 보는 20줄 정도의 묵상 글을 작성하고, 영화설교에서 본 장면들과 함께 재편집하여 뮤직비디오처럼 만들어 보면 좋다. 영화설교의 마무리이다.

물론 영화묵상이 없을지라도 영화설교는 전혀 문제가 되지 않는다. 하지만 설교를 듣고 생각하고 돌아보는 시간을 갖는 것이 말씀의 내용을 더 극대화시켜 마음에 두게 하는 역할을 하는 데 더 좋은 것임에는 틀림없다. 다음은 〈하루〉 설교를 마치고 난 뒤, 회중과 함께 나눈 영화묵상 글이다.

우리는 모릅니다

우리는 모릅니다.
단 하루를 살더라도 인생임을 모릅니다.
그래서 오늘 하루를 가볍게 여깁니다.

들에 서 있는 들꽃을 쉽게 꺾듯이
하루하루를 쉽게 꺾어 버립니다.

하루를 더러움으로 채우고

하루를 말할 수 없이 허비합니다.

이 하루가 내 소유라고 생각해서 그런 건가요?

그렇게 하루는 흘러갑니다.

그렇게 인생이 흘러갑니다.

곧 다시 사용할 하루가 없게 될 것입니다.

이제 사용할 날이 하루만 남았을 때

그래도 버리시겠습니까?

"우리는 아이를 원했던 거지. 그 아이가 어떤 아이이길 바랐던 것은 아니잖아. 우리 도망치지 말자. 희망이 있을 수 있잖아. 그 아이가 단 하루를 살다 가더라도 감사할래. 부탁해. 나 좀 도와줘." (영상으로 장면을 보여 준다.)

우리는 모릅니다.

하루는 나의 것이 아닌 것을 모릅니다.

하루를 살더라도 아름답다는 것을 모릅니다.

우리는 모릅니다.

우리는 하루를 모릅니다.

"그런즉 너희가 어떻게 행할지를 자세히 주의하여 지혜 없는 자 같이 하지 말고 오직 지혜 있는 자 같이 하여 세월을 아끼라 때가 악하니라"(엡 5:15~16)

말씀이 스스로 말씀하시다

영화설교는 이렇게 끝나지만 회중에게 인코딩된 메시지들은 그 마음에 남아 있게 된다. 이후 성령께서 역사를 이어 가실 것이다. 특히 영화설교는 일반적인 설교와 달리 영화 장면과 스토리뿐만 아니라 배우들까지 회중들 안에 인코딩되어 남게 되는데, 일상생활을 하면서 그 인코딩된 것들이 순간순간 디코딩되는 상황들을 만난다. 〈하루〉로 한 영화설교의 경우 그것들을 푸는 열쇠는 다음과 같은 것들이 있다.

- '하루'라는 단어
- 출연 배우들(이성재, 고소영 등)
- 시험관 아기
- 주민등록등본
- 인큐베이터
- 노래와 음악

- 그 외 예상치 못한 연상들

이에 대한 증거를 '2장 영화설교를 기억했을 때'에서 소개했다. 영화 〈하루〉와 유사한 상황을 만난 젊은 집사가 3년 전의 설교를 바로 어제 들은 것처럼 즉각 적용한 것이다. 2002년에 들었던 설교가 2005년, 무려 3년이 지났음에도 불구하고 여전히 살아 있어서 금방 들은 설교처럼 생각이 나고 적용될 수 있었던 건 설교를 들은 후 3년 동안 인코딩되었던 단어, 심벌, 이미지, 음악 등을 일상에서 만날 때마다 그 설교를 회상하도록 작용했기 때문이다. 말씀이 스스로 말씀하시는 것이다. 영화설교의 효과가 강력한 이유이다.

영화설교의 기적으로 출생한 아이 혁이는 그 이후 많은 어려움을 겪었지만 건강하게 자랐다. 2013년 그 아이가 초등학교 1학년이 되었을 때 영화 〈하루〉로 두 번째 설교를 하게 되었다. 그 두 번째 설교에서는 영화의 이야기와 더불어 혁이의 이야기까지 보태져 더 울림 있는 깊은 메시지를 전할 수 있었다. 영화에서는 결국 아이가 죽지만, 우리에게는 아이가 건강하게 자라 하루하루를 살아 내는 기적의 역사가 있었다. 그래서 그 기쁨까지 회중과 함께 나누었다.

어느 날 혁이가 초등학교 1학년이었던 2013년 6월 3일 소식을 페이스북에 올린 적이 있습니다. 혁이가 축구선수로 참가한 'FC SEOUL FOS CUP' 대회에서 한 골을 넣으며 큰 활약을 한 덕분에 동메달을 땄다는 소식이었습니다.

S.5 혁이 동메달 소식의 페이스북 사진과 기사

2013년 두 번째 설교 때는 덧붙인 내용과 함께 새로운 영화 묵상을 준비했는데, 묵상 글은 다음과 같다.

죽도록 사랑하시니까

하루를 살든 백 년을 살든
아무런 상관이 없다.

바람처럼 왔다가도
떨어지는 꽃잎 같더라도
상관없다.

하루를 살아도 내 자식이고
백 년을 살아도 내 자식이니

만일 하루만 볼 수 있다면

고작 하루만 품을 수 있다면

백 년같이 사랑하고

천 년같이 사랑하리.

그래서 하나님께는 의미 없다.

하루를 살든 백 년을 살든

아무런 상관이 없다.

하나님 아버지의 새끼니까.

죽도록 사랑하시니까.

그래서 하나님은 눈이 머셨다.

아무것도 못 보신다.

오직 우리만 보시고

오직 사랑만 보시니

다른 것은 의미 없다.

사랑하시니까.

죽도록 사랑하시니까.

"자기 아들을 아끼지 아니하시고 우리 모든 사람을 위하여 내주신

이가 어찌 그 아들과 함께 모든 것을 우리에게 주시지 아니하겠느
냐"(롬 8:32)

    2024년 현재 그 아이는 과학고등학교 3학년 졸업을 앞두고 있다. 그 누구보다 교회와 예배를 사랑하는 청년으로 잘 자랐다. 늘 내 기도를 받고 자랐던 아이가 어느 날 내게 이런 내용의 카드를 보냈다. "이제 제가 목사님을 위해서 기도하겠습니다." 영화설교자인 내가 체험한 기적이다.

Chapter 6

영화의

선교적 가능성

영화는 문화의 총체적 집합체이다. 인간 세상의 모든 주제를 매우 민감하고 사실적으로 담고 있다. 그런 까닭에 영화는 사람들에게 큰 영향력을 줄 수밖에 없다. 흥행에 성공한 영화일수록 그 영향력은 커진다. 그런 영화가 나쁜 영향을 줄 수도 있지만 동시에 매우 유용한 역할을 할 수도 있다. 아쉬운 것은 그동안 우리가 영화를 부정적으로 바라보는 데 익숙하여 적극적으로 사용하지 못했다는 점이다.

25년 동안 영화설교를 해 왔지만 단순히 예배와 설교에만 국한시켜 영화를 사용한 것은 아니었다. 목회적으로 다양한 자리에서 영화를 활용했고, 대체로 그것은 성공적인 경험이었다. 이제 이야기하고 싶은 것은 영화의 가능성이다. 우리가 실제로 사용할 수 있는 영화의 가능성은 놀랍게도 다양한데, 실제로 다음과 같은 접근이 가능한 것을 확인할 수 있었다.

- 선교의 도구로서 영화 제작
- 찾아가는 전도예배
- 큐티와 묵상
- 연애와 사랑 공부
- 성경 공부와 교사 대학

선교의 도구로서 영화 제작

국제 CCC의 '예수 필름 프로젝트(The Jesus Film Project)'는 1979년에 처음 개봉한 영화 〈예수〉의 2,100번째 번역판을 만들었다고 한다. 곧 상영될 예정인데 여기에는 놀라운 선교사적 의미가 있다.

1956년 짐 엘리엇을 비롯한 다섯 명의 미국인 선교사가 에콰도르의 와오라니 부족에게 선교하던 중 순교하는 일이 있었다. 그런데 바로 그곳에서 와오라니어로 번역된 2,100번째 번역판이 상영을 앞두고 있는 것이다. 그 사역을 담당하는 CCC 전무이사 조시 뉴웰은 예수 그리스도의 복음으로 전 세계 모든 이들에게 다가가는 것이 목표라면서 이렇게 말했다.

> "특히 이번에 와오라니어로 번역된 것은 기독교 역사를 고려
> 할 때 주목할 만하다."[18]

더 놀라운 것은 그동안 그 〈예수〉를 보고 복음을 받아들인 사람의 숫자가 5억 명에 이른다는 것이다. 영화 〈예수〉가 확실한 복음의 도구로 지금껏 사용된 것이다.

하지만 과거와 달리 엄청난 재미와 흥미를 유발시키는 현대 영화들과의 경쟁에서 영화 〈예수〉와 같은 기독교 영화들은 점차 영향력이 떨어지고 있다. 도시화된 곳일수록 그러한 경향이 더욱 크다. 그런 까닭에 사람들이 열광하는 현대 영화들을 잘 사용하여 복음을 전하는 도구로 변화시키는 일은 의미가 있다.

1999년부터 영화설교를 해 왔으니 올해로 25년이 되었다. 그동안 약 800편 정도의 상업 영화로 영화설교를 했다. 비신자와 문화에 익숙한 이들을 향하기 위한 시도였다. 오랜 시간 영화설교를 하다 보니 자연스레 영화 제작에도 관심이 가게 되었다. 그래서 꿈이있는교회는 십계명을 재해석할 계획을 세우고, '데칼로그 시리즈'라는 이름을 붙여 단편영화를 제작했다.

---

18) 크리스천투데이 온라인판, 2023년 11월 29일, "약 5억 명 전도한 영화 '예수', 2,100번째 언어로" 참고.

시네북 (Cine-Book)

버스

봄의상실

| 하정완 지음 |

《데칼로그 시리즈의 첫 번째 영화 버스》
버스를 타고 가듯 우리는 어디론가 가고 있습니다.
간혹 가는 곳을 상실할 때도 있습니다.
그래도 안심이 되는 이유는 하나님이 인생이라고 불리는
그 버스를 운전하시고 계시기 때문입니다.

데칼로그 시리즈
영화 버스
DVD포함

eyes

오랜 시간 영화설교를 하다 보니 자연스레 영화 제작에도 관심이 가게
되었다. 그래서 꿈이있는교회는 십계명을 재해석할 계획을 세우고,
'데칼로그 시리즈'라는 이름을 붙여 단편영화를 제작했다.

그 첫 번째가 6계명 "살인하지 말라"를 현대적으로 재해석한 영화 〈버스〉이다. 이 영화가 의미 있는 것은 일반 영화로 평가받았다는 점이다. 부산국제영화제 단편 부문 경선작으로 선정되었고, 환태평양 영화제(Pan Pacific Festival)에서 최우수 단편영화상을 수상했다.

그런데 사실 영화 〈버스〉에는 매우 강력한 복음이 숨겨져 있다. 복음을 인코딩한 것이다. 비신자들에게 복음을 설명할 수 있는 도구로 사용될 수 있게 만든 것이다. 직접적으로 복음을 말하지는 않지만 설교자 혹은 전도자가 함께 토론하거나 전하는 과정에서 복음을 설명할 수 있게 만들었다는 뜻이다.

이 영화가 의미 있는 또 다른 이유는 당시 성균관대 영상학부 재학 중이었던 장재현 감독이 작품을 연출했다는 것이다. 이후 그는 한국예술종합학교를 졸업한 후 〈검은 사제들〉〈사바하〉〈파묘〉 등을 연출하는 감독이 되었다. 복음을 담은 채로 세속 영화를 만들 수 있는 감독을 배출한 셈이다.

최근에는 데칼로그 시리즈의 두 번째 단편영화를 만들었다. 1계명 "나 외에는 다른 신들을 네게 두지 말라"를 모티브로 만든 작품으로 제목은 〈노래〉(2024)다.

교회가 영화를 만들다니, 무리한 시도라고 생각할 수도 있다. 하지만 요즘은 미디어 기술이 발달하여 DSLR이나 심지어 스마트폰으로도 짧은 영상이나 간단한 영화를 만들 수 있는 상황이 되었다. 참신한 아이디어만 있다면 얼마든지 도전해 볼 수 있다. 이를 위해 기독교 방송국에 의존하는 교회의 방송 사역만큼 중요한 것은, 교회의 청년이나 다음 세대의 영상 작업을 지원하는 일이다. 그것은 앞으로의 가능성을 여는 일이라고 생각한다.

더불어 여기서 제안하고 싶은 것이 있다. 복음 전도가 막힌 현실을 돌아보며 교단 차원에서 단편영화를 제작하는 것이다. 본격적인 영화를 만드는 일은 단편일지라도 많은 자원이 들어가야 한다. 다행히도 신앙을 가진 좋은 감독과 알려진 배우들이 많이 있는 까닭에 교단들이 나서면 직접 복음을 말하지 않지만 복음을 담고 있는 단편영화를 제작하는 것은 그리 어렵지 않을 것이다. 그다음 그 영화를 전국 교회에서 상영하되 그날을 전도의 기회로 삼는다면 그 어떤 전도 방법보다 효과적이지 않겠는가?

찾아가는 전도예배

사람들을 교회에 초청하고 영화로 설교하는 것은 복음의 접촉점 측면에서 매우 유익한 일이다. 그런데 이 일은 교회 안에서만 아니라 교회 밖에서도 이뤄질 수 있다. 많은 사람이 교회의 예배당이라는 공간 자체에 낯섦을 느낀다. 그럴 때는 영화설교를 들고 사람들을 찾아갈 필요도 있다. 이를 위해 우리 교회에서 시도했던 것이 '얼리버드 예배'다.

우리 교회의 근처에는 성신여대가 있는데, 학교 앞에 있는 카페의 공간을 빌려 등교 전 8시에 모임을 가졌다. 참석하는 이들에게는 샌드위치와 커피를 무료로 제공했고, 짧은 연주와 함께 10분 이내로 편집된 얼리버드용 영화설교를 했다. 학생이라면 누구든지 참여할 수 있었는데, 복음을 전하는 데 매우 효과적인 방법이었다.

10분짜리 얼리버드용 영화는 내레이션을 붙여서 제작했다. 영화의 전체 내용을 전하면서 반드시 마지막에는 문제를 제기하는 질문을 던지는 것으로 끝맺었다. 영상을 본 후에는 제시된 묵상 질문을 함께 나누는 시간을 가졌는데, 이때 각 테이블에는 미리 준비된 교회 지체들이 자연스럽게 참여하여 대화를 이끌도록 했다. 다음은 영화 〈기생충〉을 얼리버드용으로 제작한 내용인데 영상을 실을 수 없어서 내레이션을 첨부했다.

〈기생충〉
냄새 때문에

영화는 기택의 반지하 집에서 시작합니다. 아내 충숙, 아들 기우, 딸

예배당이라는 공간 자체에 낯섦을 느낀다.
그럴 때는 영화설교를 들고 사람들을 찾아갈 필요도 있다.
이를 위해 우리 교회에서 시도했던 것이 '얼리버드 예배'다.

기정 네 명 모두 백수입니다. 가난합니다. 길가 반지하라서 창문 옆에 취객들이 소변보기가 일쑤인 세상, 가난합니다. 통신비조차 내기 힘들어서 변기 위에 올라 어딘가의 와이파이에 접속하는 장면은 애처롭습니다.

그런데 그들은 전혀 비참하고 불쌍해 보이지 않습니다. 자신들도 그렇게 생각하지 않는 듯합니다. 가난하지만 그들을 지배하는 것은 이상한 더러움이었습니다. 그들의 더럽고 추한 대화를 듣는 것만으로도 알 수 있습니다.

그러던 어느 날 기회가 왔습니다. 친구가 교환학생으로 떠나면서 기우에게 고액 과외를 넘겨준 것입니다. 기우는 대학에 합격하지는 못했지만 네 번의 수능을 치른 경험이 있는 까닭에 수능 영어 정도는 자신 있었습니다. 그래서 대학 재학증명서를 위조하고 가정교사로 들어갑니다. 딸 기정이 기막힌 위조 솜씨를 발휘한 것입니다. 아버지 기택이 "서울대 문서위조학과 이런 거 없나?"라고 말하는 것에서 알 수 있듯이 그런 딸을 자랑스러워합니다. 그런 아버지를 보며 말하는 기우 역시 부끄러움이라고는 눈곱만큼도 없습니다.

이들에게 윤리는 없습니다. 사기를 치고 거짓을 말하는 것에 흔들림이 없습니다. 사기는 자연스러움이고 이미 길들여진 더러움이었습니다. 그곳에 가정교사로 가자마자 기우는 고2 다혜를 자기 여자로 소유합니다. 그리고 어리버리한 그 집 마나님 연교를 속여 아들 다송의 미술 치료 가정교사로 동생을 소개합니다.

그렇게 기정이 들어오자마자 자신을 데려다주는 운전기사를 이상한 놈으로 모함하여 자기 아버지 기택을 운전기사로 들어오게 합니다.

아버지 기택은 오자마자 오랜 날 동안 있던 가정부를 쫓아냅니다. 그녀가 복숭아 알러지가 있다는 것을 알고 몰래 복숭아 가루를 뿌리고 활동성 결핵 판정받은 자로 꾸민 것입니다. 그리고 자신의 아내를 가정부로 들어오게 조작합니다. 드디어 그 집을 점령한 것입니다.

완전히 속이는 데 성공했습니다. 이처럼 모든 것을 감추고 사기 치는 데 성공했지만 한 가지 속이지 못한 것이 있었습니다. 바로 냄새였습니다. 봉준호 감독은 그것을 반지하 냄새로 그렸지만 죄의 냄새입니다.

그들은 탈취제를 써서 자신들의 냄새를 감추고 삽니다. 그러던 어느 날 일이 터집니다. 사장 가족이 캠핑을 간 사이에 자신들을 방임한 것입니다. 그것이 문제였습니다. 드디어 그 밤에 이전에 일하던 가정부가 찾아오면서 모든 것이 드러납니다.

원래 이 집은 박 사장네는 모르지만 집을 지을 때 숨겨진 지하 벙커가 있었습니다. 그동안 그 가정부가 지하 벙커에 자기 남편을 숨겨놓고 먹여 살리고 있었습니다. 그런데 사장 가족이 캠핑을 간 틈을 타서 쫓겨났던 가정부가 굶어 죽을지도 모르는 남편 때문에 온 것입니다.

그 과정에서 모든 것이 드러납니다. 기택 가족의 사기의 전모도 드러납니다. 온통 기생충 같은 이들의 모든 것이 드러나면서 냄새가 진동하고 폭발합니다. 그들은 멸망으로 향해 걸어갑니다. 아니, 스스로 멸망합니다. 아들 다송의 생일 번개 파티 자리에서 벌어진 일이었습니다.

그런데 거기 다른 냄새가 또 있었습니다. 그 광란의 밤에 엄청난 비가 내렸는데, 기택의 집은 그 비로 이미 잠겨 있었습니다. 똥물이 터져 나오고 온통 엉망진창이 된 세상이었습니다. 그리고 다음 날 비온 후 화창한 날, 아들을 위한 번개 생일 파티를 계획하고 친구들을 초청하면서 하던 연교의 말은 착한 부자가 풍기는 비루한 냄새였습니다.

그리고 살육의 현장, 칼에 찔린 가정부의 남편 몸에 깔린 자동차 키를 집어 들며 코를 막는 박 사장의 모습을 보던 기택이 칼을 들어 박 사장을 찌릅니다. 또 다른 냄새를 맡은 것입니다. 역겨운 냄새, 참을 수 없는 느끼한 냄새였습니다. 아무에게도 피해를 준 적이 없는 부자, 기택의 표현처럼 착한 부자, 가정부 남편이 말하는 것처럼 '리스펙트'의 대상, 그런데 역겨운 냄새를 풍기고 있었습니다. 오로지 자신과 자신 가족만 바라보는 자기라는 또 다른 형태의 반지하에 갇힌 자의 냄새였습니다. 무슨 특별한 잘못을 하지 않았지만 사망을 부르는 냄새였습니다. 기택이 그를 찌른 이유였습니다. 모두 냄새 때문이었습니다. 냄새가 그들을 역겹게 한 것이었습니다. 냄새 때문이었습니다.

묵상 질문

나는 어떤 냄새를 풍기고 있다고 생각하십니까? 생명의 냄새입니까? 죽음의 냄새입니까? 어떤 냄새입니까?

큐티와 묵상

설교 외에도 영화를 이용하여 할 수 있는 일은 다양하다. 그 중 하나가 큐티 혹은 소그룹 묵상에 사용하는 것이다. 특히 수련회 기간이나 리더들 훈련을 할 때 사용하면 무척 유용하다. 이 경우 영화를 함께 시청한 후에 하거나 아니면 미리 영화를 시청하게 한 후 진행하면 더욱 좋다. 아이스 브레이킹이 저절로 이뤄지기 때문이다.

큐티의 포인트는 크게 두 가지, 이야기 묵상과 질문 나눔이다. 큐티 참여자가 영화를 다 보았다는 전제 하에, 인도자는 영화에서 묵상할 지점에 집중하며 간단히 스토리를 짚어 준다. 그 뒤 소그룹으로 질문 나눔 시간을 갖고, 후에 가능하다면 발표도 하게 한다.

이때 묵상 질문은 앞에서 다루었던 '얼리버드 예배'보다 더 넓고 깊어야 한다. 참여자가 능동적으로 참여하여 영화묵상에 훈련될 수 있도록 하기 위함이다. 또한 전체 묵상이 성경으로 자연스럽게 이어져야 한다. 결국 묵상의 핵심 본질은 성경의 메시지에 있기 때문이다.

실제로 큐티 묵상을 진행했던 〈스파이더맨〉(2002)을 예로 들어 보자. 이 작품은 모두가 잘 아는 액션 히어로물 영화다. 어느 날 평범한 소시민이었던 피터 파커에게 놀라운 힘이 생긴다. 인간의 한계를 뛰어넘는 초인적인 힘이었다. 피터 파커는 그 힘으로 악에 맞서 싸우며 평화를 지키는데, 여기에서 '힘과 책임'이라는 묵상 포인트가 발견되었다. 그것을 바탕으로 참여자들에게 제시한 묵상 질문은 다음과 같다.

묵상 질문

1. 우리는 모두 '큰 힘'에 대한 관심에 사로잡혀 있습니다. 그것을 사람들은 성공이라고 부릅니다. 당신은 어떤 일에 성공한 사람이 되고 싶습니까?

2. 삼손은 소위 성공한 사람이었고, 큰 힘을 가진 존재였습니다. 그런데 그는 자신의 힘 때문에 비참한 상황에 이르게 됩니다. 마찬가지로 우리가 미래에 갖게 될 성공 혹은 큰 힘도 오히려 우리의 삶을

비참하게 만들 수 있습니다. 그런 사람들의 예를 찾아 생각해 보십시오.

3. 우리는 큰 힘을 추구하는 것보다 먼저 하나님 나라와 영광을 위한 삶에 우선순위를 두어야 합니다. 어떻습니까? 내가 지금 추구하고 있는 것은 하나님의 나라와 영광을 위한 것입니까? 그렇다면 구체적으로 어떤 영향력과 효과가 나타날 것이라고 생각하십니까?

4. 현재는 어떻습니까? 미래의 큰 힘을 쓰는 모습은 현재 작은 힘이라도 쓰는 모습으로 미뤄 짐작할 수 있습니다. 현재 나는 어떻게 힘을 사용하고 있습니까? 최근에 아름답게 썼던 힘(물질, 봉사, 시간, 능력, 재능 등)은 어떤 것이 있었는지 적어 보십시오. 정말 있었습니까?

연애와 사랑 공부

작가 한강은 노벨문학상 수상자 강연에서 "내 모든 질문은 사랑을 향하고 있었다"라고 고백했다. 그런데 그의 작품뿐 아니라, 사랑은 인류 보편의 주제다. 영화도 마찬가지다. 영화가 다루는 가장 큰 주제 중 하나는 사랑이다. 수없이 많은 영화들이 사랑과 연애, 결혼을 다룬다.

우리 교회는 일찍부터 이런 영화를 활용해 사랑, 연애, 결혼, 이혼 등에 대해 공부해 왔다. 이때 중요한 것은 질문지, 설문지 등으로 자기 자신을 직시할 수 있도록 하는 것이다. 다음은 〈내겐 너무 가벼운 그녀〉(2002)로 교육할 때 나누었던 질문지이다.

배우자를 선택하는 태도 테스트

언제부터인가 우리는 외모를 중시하는 왜곡된 배우자상을 갖게 되었습니다. 그리고 외적인 것에 의해 사람을 평가하게 되었습니다. 그 사람에게 지금 보이는 것이 전부인 것으로 바라보는 태도 말입니다. 당연히 이렇게 보는 것은 하나님이 보시는 태도가 아닙니다. 그렇다면 우리는 어떤 태도를 견지해야 하는 것입니까? 지금 매우 진지하게 평가해 보십시오. 나는 어떤 종류의 사람인지를 말입니다. 내가 지금 교제하는 사람이나 배우자가 될 사람을 선택할 때 기준을 생각해 보십시오.

1. 나는 우선 얼굴이 중요하다.(　　)

2. 키가 작거나 뚱뚱한 사람은 곤란하다.(　　)

3. 출신 학교에 대한 나만의 기준이 있다.(　　)

4. 사회적으로 폼 나는 직장에 대한 기준이 있다.(　　)

5. 상대로부터 얻고 싶은 생활의 만족도에 대한 기준이 있다.(　　)

6. 상대는 다른 사람에게도 근사하게 보이는 사람이어야 한다.(　　)

7. 신앙이 좋고 성실한 것이 우선적인 기준이 될 수는 없다.(   )

8. 결혼 전제 없이 근사한 외모를 가진 사람과 사귀고 싶다.(   )

9. 좋은 차를 몰고 다니는 사람을 보면 괜히 호감이 간다.(   )

10. 집안이 부유하게 보이는 사람을 우선 보게 된다.(   )

8~10개 당신은 매우 왜곡된 배우자상을 갖고 있습니다.

5~7개 이대로 누군가와 사귀면 반드시 실망할 것입니다.

3~4개 누군가를 만나는 일이 행복하지 않을 수 있습니다.

1~2개 이 정도의 관심은 가질 수 있습니다.

0개 매우 잘 준비된 사람이거나 반대로 이성에게 아무 기대도 없는

매우 위험한 사람이거나 둘 중 하나입니다.

주변을 둘러보면 사랑에 관하여 비현실적인 환상을 가진 사람들이 의외로 많다. 그러다 보니 현실과 환상이 다른 것을 견디지 못하고 뒤틀린 사랑을 하게 되는 것이다. 간혹가다 관객들에게 왜곡된 사랑 개념을 심어 주는 영화들이 이를 부채질하기도 한다.

하지만 〈어바웃 타임〉(2013) 〈오만과 편견〉(2006) 등 사랑을 함께 공부하기에 좋은 영화들도 많이 있다. 실제로 영화를 통한 연애와 사랑 공부는 특히 청년 세대와 결혼을 앞둔 예비 신혼부부에게 많은 도움을 주었다. 단순히 성경 공부, 독서 토론

으로 채울 수 없는 영화라는 교보재를 통해 더 피부에 와닿는 양육이 이루어진 것이다.

성경 공부와 교사 대학

영화는 교사 대학과 성경 공부를 위한 자료로서도 훌륭한 도움이 된다. 실제로 감리교 중고등부 교재인 『파워 스톰 시리즈』에 〈이집트 왕자〉(1998) 〈딥 블루 씨〉 〈치킨 런〉(2000) 〈시스터 액트〉 등으로 영화 성경 공부를 기고했었는데, 청소년들로부터 좋은 반응을 받았다.

그뿐만 아니라 영화는 교사 교육에도 유용하게 사용될 수 있다. 영화 속에 나오는 올바른 교육관, 혹은 교사 이야기를 통해서 교사라는 사명에 접근하는 것이다. 〈죽은 시인의 사회〉(1990) 〈블랙〉(2009) 〈굿 윌 헌팅〉(1998) 〈홀랜드 오퍼스〉(1996) 〈밀리언 달러 베이비〉(2005) 〈레미제라블〉 등에서 나는 그 가능성을 찾을 수 있었다. 이때 중요한 것은 결단으로 이끄는 것이다. 단순한 묵상과 달리 교사 교육은 다음 세대를 세운다는 특별한 목적을 가졌기 때문이다. 다음은 〈레미제라블〉로 교사를 교육할 때 결단을 위해 사용했던 공동기도문이다.

교사의 기도

세상에 대한 하나님의 구원 계획은

아기로 오신 예수셨습니다.

애굽의 종살이를 하며 부르짖는 이스라엘에게

하나님의 계획은 모세의 출생이었습니다.

주님,

오늘 우리가 가르치고 있는 아이들이

바로 하나님의 계획임을 인정합니다.

주님,

이 아이들을 통하여 이루려 하시는

하나님의 구원 계획을 신뢰합니다.

끝까지 우리에게 주신 아이들을

잘 가르칠 수 있도록 도와주옵소서.

이 아이들의 심장에 그리스도의 마음이

심겨지도록 가르치게 도와주옵소서.

주님, 소망합니다.

우리가 가르친 아이들이 하나님의 마음을 깨달아

세상을 구원하는 이들이 되도록 하옵소서.

예수님의 이름으로 기도드립니다. 아멘.

교사의 다짐

어떤 마음을 갖게 되었는지 적어 보십시오.

그 외에도 영화는 목회적으로 다양한 곳에 쓰일 수 있다. 날을 정해 소그룹 별로 영화관 나들이를 가거나, 매주 주보에 영화묵상을 싣거나, 영화를 통해 기독교 역사를 공부하는 등 목회자와 교회의 상황에 따라 그 적용점은 무궁무진하다. 중요한 것은 영화에 대해 열린 마음을 갖는 것이며, 어떤 일이 생각났을 때 그것을 직접 시도해 보는 용기를 발휘하는 것이다.

영화와 신앙은 어떻게 닿는가?

장재현 감독이 묻고 하정완 목사가 답하다

꿈이있는교회 20주년 기념집을 만들 때 나눈 대화를 기록했다. 장재현 감독이 하정완 목사를 인터뷰하는 형식이었다. 〈파묘〉가 개봉되기 전으로, 장 감독이 〈검은 사제들〉〈사바하〉를 만들 때 영화설교가 어떤 영향을 주었는지, 영화와 신앙이 어떻게 닿을 수 있는지 등을 살펴볼 수 있다.

장재현 이 시간에는 제가 질문을 드리고 목사님께 답을 듣는 형식으로 진행하려고 합니다. 이 대화에서 다루고자 하는 내용은 직업적 측면인 영화감독으로서 목사님께 드리는 질문, 그리고 개인적으로 궁금한 점, 마지막으로 꿈이있는교회 교인으로서 담임목사님께 하고 싶은 질문입니다. 저는 제가 만든 영화가 사람들에게 영향을 많이 끼친다고 생각하면 부담이 많이 돼서 작업하기가 힘들더라고요. 그래서 엔터테이닝적인 요소를 많이 생각하려고 합니다. 그렇지만 제 영화의 소재들 때문에 항상 조심스럽기는 해요. 목사님은 영화가 사람들에게 미치는 영향에 대해서 어떻게 생각하십니까?

하정완 물론 그 영향이 매우 크다고 생각하지요. 예를 들어 동성애, 양성애, 페미니즘 등은 영화를 비롯한 미디어와 밀접한 영향이 있다고 봐요. 영화 〈왕의 남자〉(2005)에서처럼 예쁜 남자 주인공이 나온 이후 남성이 화장을 하는 등 문화의 선도적인 부분을 영화들이 끌어가는 느낌이 있어요. 〈필라델피아〉(1994)나 〈친구〉(2001) 같은 영화에서 보면 동성애나 폭력적인 소재들이 영화 속 세상에서는 멋있게 표현되거든요. 실제로 당시 강남의 한 초등학교 저학년 학생들을 대상으로 장래 희망에 대한 설문조사를 했는데 70~80%가 조폭이라고 썼다고 해요. 그리고 작년 신문 기사에서 본 내용인데 지방 어느 중학교에서 기간제 여성 교사가 수업을 하는 중에 대여섯 명의 학생이 자위 행위를 했다고 해요. 이처럼 성적인 것에 대한 경계가 무너지고 폭력적인 것이 미화되는 것도 영화와 관계가 있고, 사회적인 트렌드나 경향성을 바꾸는 것에 영화의 힘이 굉장히 강력하죠. 특히 흥행에 성공한 영화들을 보면서 영향을 받는 게 크다고 생각해요. 우리 교회에서 데칼로그 시리즈를 기획하고 영화 〈버스〉를 제작한 것도 그 영향력을 알기 때문이었어요. 장 감독은 영화의 영향력을 심각하게 생각하지 않나요?

장재현 알고는 있지만 그렇게 생각을 안 하려고 합니다. 안 그러면 폭발물을 만지는 것처럼 생각하게 되니까요. 그래서 앞서 말한 것 같이 엔터테이닝적인 요소를 더 많이 생각하는 것 같습니다.

하정완 영화인들이 책임성을 갖고 영화를 만들었으면 좋겠어요. 소재가 다양할 수는 있지만, 목사로서 보자면 방향성에서는 아이들이 영향을 받을 것 같아 우려되는 부분들이 있어요. 아예 그런 의도를 가지고 영화를 만드는 감독들도 있는 것 같다는 생각이 들어요. 그래서 심각한 거죠.

장재현 네. 그럼 이어서 질문을 드리겠습니다. 제가 기자들과 인터뷰를 할 때 기독교인이면서 다른 영적인 소재를 다루는 것이 부담되지 않냐고 다소 공격적인 질문을 받는 경우가 많습니다. 저는 영적 세계를 믿고 사람이 단순 무기질적인 존재만이 아니라 영혼이 있다고 생각합니다. 목사님은 어떻게 생각하시나요?

하정완 장 감독이 영적인 주제들을 다루는 데 찬성해요. 장 감독은 영화를 재미있게 만들려고 한다고 얘기하고 있지만, 사실 이미 갖고 있는 내면적인 세계관 자체가 밸런스가 있어요. 제가 교회 내에서 하는 결혼예비학교에서 성적인 얘기나 부부 생활에 대한 얘기를 직접 하고 있어요. 그런 얘기를 목사가 하는 게 맞다고 생각해요. 아버지가 자식에게 성교육시키는 것처럼 말이죠. 그러지 않고 엉뚱하게 배우면 진짜 이상해질 수 있거든요. 영적인 것도 마찬가지로 장 감독이 그런 부분을 다루는 것에 대해 좋게 생각해요. 왜냐하면 일단 경계선에서 벗어나지 않을 것이고, 왜곡된 메시지를 넣지 않을 것을 알기 때문에 굉장히 좋게 생각하고 있어요.

장재현 이번 질문 역시 제가 기자들에게 받았던 질문이기도 하고 개인적으로 궁금했던 부분인데요, 십계명에 보면 제1계명이 "나 외에는 다른 신들을 네게 두지 말라"입니다. 그런데 그 말은

'다른 신을 섬기지 말라'는 것이지, '다른 신이 없다'는 뜻은 아니지 않을까요? 저는 보수적인 시선이 힘들 때가 있어요. 만약 없다고 한다면 제 주변에 친분이 있는 무속인이나 영적인 경험을 하는 사람들이 설명되지 않아요. 그들이 거짓말을 하는 건 아니라고 생각합니다. 그래서 제가 섬기는 신은 여호와 한 분뿐이지만, 다른 신이 존재한다고 생각한다면 이것은 잘못된 생각인가요?

하정완 약간 잘못된 것 같아요. "나 외에는 다른 신들을 네게 두지 말라"라는 것이 믿을 대상으로서 신이 존재하지 않는다는 뜻은 아니에요. 그런데 그 신들은 만들어진 신이에요.

장재현 그러면 신이 아니라는 건가요?

하정완 신은 신인데, 하나님과 동일한 위치를 가진 같은 존재의 신이 아니라 인간의 신념에 불과한 것이죠. 그렇다면 신이 만들어질 수 있는가? 신이 만들어질 수 있어요. 개신교에서도 영적 전쟁이라는 말을 써서 하나님과 다른 신과의 전쟁을 비유하는 경우가 있어요. 실제로 20년 전에 '영적 전쟁'이란 말이 유행했고, 심지어 『빛과 소금』 같은 잡지에서는 영적 도해를 제공했는데 그것은 귀신들이 많이 모인 곳을 그린 거예요. 그 당시 많이 모인 곳으로 알려진 곳이 주로 절이었어요. 그래서 보수 단체에서 절에 들어가서 땅 밟기 기도를 하거나, 타지마할에서 땅 밟기를 행하기도 했어요. 땅을 밟는다는 건 귀신을 쫓아낸다고 선포하는 거예요. 이와 같은 행위를 실제로 했다는 거죠. 또 신이 있는 것처럼 하나님과 대적한다고 말하는데, 성경에서 대적한다는 말은 그냥 '물러가' 이런 의미의 대적이지 하나님과 맞서 싸우는 의미의 대적이 아니에요. 굉장히 보수적인 신앙인들이 그렇게 바꾼 건데 그래야 권위가 생긴다고 생각했기 때문이에요. 귀신이 존재한다고 생각해야, 악한 존재가 하나님과 대적할 만한 존재로 생겨나야 내가 권위가 생기는 거예요. 내가 쫓아내잖아요. 아무도 못하는데 내가 물러가게 하면 영적 권위가 생기잖아요. 한국 교회가 단물을 빼먹은 측면이 있어요. 정직하지 못한 거죠.

장재현 어떻게 보면 자기의 헤게모니를 위해서네요. 전쟁이랑 비슷하군요.

하정완 그렇죠. 자기들도 모르는 사이에 그렇게 되는 거예요. 하나님과 대적할 존재로서의 신은 존재하지 않지만 소위 만들어진 존재, 개념적으로 보자면 하나님과 대적하는 존재는 본래적 존재라는 개념이에요. 하나님 이후에 생긴 존재가 아니라 하나님과 동일하게 생겨진 존재라는 개념으로 가고 있어서 잘못된 것인데, 이후에 인간이 추구하는 이데올로기로 신들을 만들어 가죠. 그것이 우상 아니에요? 하나님은 예레미야 선지자를 통해 우상이 "둥근 기둥 같아서 말도 못하며 걸어 다니지도 못하므로 사람이 메어야 하느니라"(렘 10:5)라고 하셨잖아요. 그러면 세상에서 벌어지고 있는 신적인 일들은 외부적인 신이라기보다 인간 자체가 신적인 존재라고 봐야 해요. 하나님이 인간을 그렇게 만드셨어요. 인간이 스스로 신이라고 얘기하잖아요. 많은 이단들이 스스로 신이라고 하잖아요. 선악과를 따 먹을 때 하나님과 같은 존재가 되고 싶다는 표현이 있는 것처럼 인간 자체가 신이 될 수 있어요. 그런 개념에서 인간이 영적인 능력을 발휘할 수 있어요. 작두를 타고 그런다고 해서 그것이 하나님과 동일한 신이 아니라 인간이라는 존재가 그 정도의 위치까지 할 수 있는 영적인 존재인 것이지, 스스로 자존하는 존재가 아니라는 것이에요. "나 외에는 다른 신들을 네게 두지 말라"라고 하시는 것은 자존적 존재도 아닌 그런 존재를 신이라고 인정하고 믿느냐 책망하시는 거예요.

장재현 아! 그런 거군요. 느끼셨을지 모르겠지만 제가 영화를 준비하고 시나리오를 만들 때 목사님의 영화예배를 다시 보면서 영감을 얻습니다. 목사님은 영화예배를 준비하실 때 어떻게 영화를 선정하고 또 영감을 받으시나요?

하정완 우선 영화를 선정할 때 흥행에 성공한 영화를 찾아요. 왜냐하면 거기에는 강력한 세계관이 들어 있으니까, 성도들에게 해석해 주어야 한다는 사명감이 있어요. 두 번째는 성공하지 않았지만, 우리 청년들이 좋아하고 재미있었다고 하는 영화, 세 번째는 상 받은 영화를 선정해요.

영화설교는 존재론적 설교에요. 이것은 하정완이라는 존재가 설교하는 거예요. 영화를 딱 보면 자료를 보는 것이 아니에요. 감독의 의도도 중요하지 않아요. 그동안 공부했던 신학, 인문학적 지식, 목회적 경험, 이 모든 것이 동원되어 보는 순간 메시지가 떠오르는 거예요. 그러니까 영화설교는 영화를 보는 시간이 걸릴 뿐이지요. 문화 사역을 하는 사람들은 기본기에 충실해야 해요. 평소에 독서하고, 성경 공부하고, 기도하고 이것이 바탕이 되어야 하는 거죠. 문화로 복음을 전하려는 사람들이 많은데 간혹 안타까운 경우가 있어요. 내면의 영성이나 인문학적, 성서적 지식이 부족한 채로 접근하여 아주 가볍고 천박하게 표현하는 경우가 있거든요.

장재현 공감합니다. 작가들은 복안이라고 표현하는데요. 볼 수 있는 눈이 있어야 사람을 뚫어 보고, 이야기를 뚫어 보고, 다른 것들을 뚫어 보거든요. 그것을 다른 말로 하면 내공이겠지요.

하정완 제가 영화를 볼 때 감독의 의도는 별로 관심이 없어요. 제게 필요한 것은 영적인 힌트죠. 하나님이 제게 뭘 말씀하려고 하시는지에 관심을 기울이는 거예요.

장재현 그러면 컨디션에 따라 많이 달라지겠네요?

하정완 컨디션과 관계가 없어요. 컨디션은 육적인 것이잖아요. 음악이 빵빵해야 찬양이 잘 된다, 조명이 은은해야 기도가 잘 된다, 그러지 않으면 잘 안 된다. 그런 사람은 영적이지 않은 사람이에요. 육체적인 조건에 의해서 반응을 보이는 거예요. 영은 그렇지 않아요. 영은 언제나 똑같아요. 영적인 것을 단면으로 표현하자면 가장 밑에 있고, 그 위에 마음과 생각이 있고, 그 위에 육체가 있는 거거든요. 육체는 감정과 관계가 있어요. 그 밑이 생각이고 생각은 감정에 영향을 받긴 하지만 영적인 것에 영향을 받아요. 상황 자체가 사물을 보면 영적인 반응이 나오긴 하는데, 쓰려고 하니까 육체가 피곤해서 내 감정이 그것을 귀찮아하는 것일 뿐이에요. 성경에 보면 '영으로 육을 제어한다'는 표현을 써요. 목사들은 그것을 훈련해요. 설교를 언제 준비하느냐고 묻지요? 그것은 앉으면 나오는 거예요. 아무리 피곤해도 말씀 앞에 서서 그것을 묵상하면 영적인 것들이 육적인 것들을 제어해요.

장재현 막막하네요. (웃음) 목사님은 목사가 안 되었다면 무엇이 되셨을 것 같으세요?

하정완 저는 카프카 같은… 내 멋대로 사는 사람? 인생을 막 헤집어 놓을 것 같아요. 어쩔 수 없어서 신학교를 갔는데 아무것도 안 보이더라고요. 신학생들은 전부 유치찬란해 보였어요. 기도 연습을 하고 그랬는데 너무 싫더라고요. 일부러 장발을 하고 집에 창을 다 막아 놓고 살았는데 카프카의 변신처럼 괴물이 되는 상상도 하고, 먹는 것도 라면 같은 거 대충 먹고, 음악도 메탈 들으면서 다 부숴 버리고 싶은 마음이 지배하는 삶이었어요. 그게 진짜 신학생이라고 생각했어요. 예수를 믿는 게 너무 초보적이고 너무 물질적인 것이 싫더라고요. 그때 주로 했던 게 글을 많이 썼어요. 글 쓸 때만은 매몰되잖아요. 또 노래하고 음악 듣고. 그때 그 길로 쭉 갔으면 개똥철학자가 되었을 것 같아요. (웃음) 근데 어떤 분야에서든 뭔가 되어 있을 것 같아요. 그때 제가 대학원을 국문과 가려고 준비하고 있었는데, 장인어른께서 목사 아니면 교제도 안 되고 결혼도 안 된다고 하셔서 어쩔 수 없이 끌려오게 되었죠. 그런데 지금 목사가 된 이후에 다시 그쪽으로 가고 있잖아요.

장재현 네. 다음으로 교인으로서 질문을 드리자면 꿈이있는교회에서 진행하던 데칼로그 시리즈를 앞으로도 진행할 계획이 있으신 가요?

하정완 저도 너무 아깝습니다. 그런데 그건 장 감독이 안 하면 못 해요. (웃음) 데칼로그 시리즈는 기독교적인 메시지를 담고 있지 만, 비기독교적인 모습으로 표현하는 것이잖아요. 그렇게 영 화 〈버스〉를 제작한 거고요.

장재현 그렇죠. 대중적으로요.

하정완 원래 계획은 십계명을 현대적으로 해석해서 교회라든지 해외 선교지에서 보고, 서로 논의하면 참 좋겠다는 생각을 가졌던 것인데, 지금 제가 너무 일이 많은 거예요. 누군가가 적극적으 로 해 주면 좋을 텐데… 사람들을 만나면 데칼로그 시리즈 다 시 안 하냐는 질문을 많이 받아요. 하고 싶은 마음도 있고, 시 나리오나 생각은 다 갖고 있어요. 언젠가 CBS에 제안을 한 적 이 있어요. CBS가 투자하고 장재현 감독이 총괄 감독을 맡고, 각 교회에서 감독의 역량을 가진 사람들을 세워서 하나씩 만들고, 전체적인 통일성이 있어야 하니 제가 시나리오나 전체적인 큰 줄기는 잡아 주는 것으로 총괄 담당자와 미팅을 하려고 했는데 잘 안 됐어요.

장재현 교회에 역량 있는 사람들 많이 있죠. 그렇게 되면 좋겠는데요.

하정완 차차 되겠지요. 이건 다른 얘기지만 제가 장 감독 영화 만드는 거 보고 감동을 받았어요. 정말 죽을 각오로 만들더라고요. 〈버스〉 만들 때 보니까 스태프나 배우들도 다 죽여 놓더구만. (웃음) 한 거 또 하고 또 하고 너무 열심히 하더라고요. 나중에 다 끝나고 나서 느낀 것이 장재현 감독이 괄목할 만한 감독이 될 수 있겠다는 생각이 들었어요. 감사했어요. 디테일을 굉장히 중요하게 여기고 있다는 사실에 감동했었어요.

장재현 저도 교회 분들하고 데칼로그 시리즈에 대한 이야기를 나눌 때가 있어요. 정말 하긴 해야겠는데 제대로 하지 않으면 오히려 모든 것을 잃게 될 수 있기 때문에 저도 제가 몰입할 수 있는 때를 기다리는 것 같아요. 사람이 올 수도 있고, 기회가 올 수도 있고요.

하정완 맞아요. 목회하면서 배우는 것 중에 하나가 흐르는 대로, 성령이 인도하시는 대로 하는 것이 좋다는 거예요. 그러다가 제 역할이 여기까지 밖에 안 되면 "네" 하고 물러날 마음을 갖고 있어요.

장재현　제가 목사님을 안 지 15년이 되어 가는데 방금 그 말씀은 좀 변하신 부분이에요. 전에는 안 그러셨거든요. 흘러가는 물의 방향을 바꾸는 분이셨잖아요. (웃음)

하정완　그게 좋은 거예요? 나쁜 거예요? (웃음)

장재현　그거 자체가 물 흘러가는 대로 가는 거죠. 관록이겠죠.

하정완　저는 해피해요. 장 감독이 영화 만들면서 재미있다고 하는 것처럼요. 많은 목사님들이 목회를 힘들어해요. 쌓인 스트레스를 권투 배우면서 풀기도 하고, 볼링을 치기도 하고, 술을 마시기도 하고. 참 안타깝죠. 처음부터 그랬던 건 아니지만 어느 날부터인가 세속적으로 교회의 성장, 성공, 번영, 복, 이런 것들에 초점을 맞추다가 바뀐 거예요. 제가 듣고 충격을 받은 이야기가 있어요. 아는 목사님의 선배가 교회가 성장하는 방법을 알려 준다면서 이렇게 말했대요. "사람이 오면 교인으로 보지 말고, 돈으로 봐라. 내게 월급을 주는 사람으로 봐라." 그 말을 듣는 순간 정신이 번쩍 들더래요. 비애가 느껴졌어요. 그러다 보니 교인은 많아지는데 진짜 크리스천다운 크리스천이 사라지는 거예요. 지금 우리도 그 열매를 먹고 있잖아요. 아이고. (한숨)

장재현 (한숨) 이건 제 개인적으로 아버지 같은 목사님께 여쭙고 싶은 건데 은퇴 후 꼭 한번 하고 싶은 것이나 다른 어떤 계획을 갖고 계십니까?

하정완 계획은 다 세워 놨죠. 첫째로 설교자로서 사역을 멈추고 싶은 마음이 없어요. 은퇴한 후에도 자유롭게 주일날에도 말씀을 전하고 싶어요. 명지대학교 용인캠퍼스에서 코스타 코리아를 한 적이 있어요. 그 당시 방지일 목사님이 99세셨어요. 그분이 휠체어를 타고 오시더니 사람들 부축을 받고 서서 강대상을 꽉 붙잡고 20분을 설교하시는데, 너무 충격을 받았어요. 저도 그때 꿈이 생겼어요. '나도 100살까지, 너무 길다면 90살까지라도 청년에게 대학교 채플 가서 설교하고 싶다.' 이것이 제 첫 번째 꿈에요. 이걸 위해서 계속 공부하고 있어요. 놓치지 않기 위해서요. 두 번째는, 계속 책을 쓰고 싶은 거예요. 그때는 전문적으로 더 깊게 쓰게 되지 않을까요? 그림도 그리고, 사진도 찍고, 음악도 만들고, 다 할 것 같아요. 저는 가면 갈수록 생각도 그렇고 만드는 것도 그렇고 더 청년스러워지는 것 같다고 느껴요. 제가 무엇을 믿냐면 지금 60이잖아요. 사람들은 60세가 되면 이전의 것을 다 버려요. 그게 아니라 이전의 나이를 다 갖고 있는 거예요. 60세가 되어서도 20대와 대화할 때는 20대적인 대화를 하고, 10대와는 10대의 순수함으로 대화하고, 30대의 열정을 가지고 있고 이게 전부 다 들어 있어야 이 사람이 진짜 사람이지요. 꼰대가 된다는 말은 이전 것을 다 잊어버리고 지금만 생각한다는 거예요. 우리가 정말 훌륭한 선생님을 만나면 어린아이처럼 순수하다고 하잖아요. 10대가 남아 있는 거잖아요. 그렇게 열심히 해 볼게요.

장재현 마지막으로 목사님께서 저에게 바라는 영화, 그런 것이 있을까요?

하정완 깊이 생각해 보지는 못했어요. 그런데 저는 〈검은 사제들〉을 보고 깜짝 놀랐어요. 왜냐하면 그게 성경 해석을 진짜 절묘하게 잘했어요. 굉장히 감동을 했어요. 예수를 좀비로 바꾸지만 않으면, 그와 같은 도발적 행위만 아니면 어떤 것이든 장재현 감독에게서 나오는 영화는 좋은 밸런스를 가진 영화일 수밖에 없다고 생각해요.

장재현 저는 꿈을 이뤘습니다. 〈검은 사제들〉이나 〈사바하〉에서 핵심 주제나 소재들이 다 목사님의 말씀입니다. 제 영화를 목사님이 보시고 설교해 주시는 걸 꿈꿔 왔었는데 이미 꿈을 이뤘습니다. 저에게는 함부로 못 벗어나는 바운더리 같은 게 있는데 하정완 목사님은 항상 그 가이드 역할을 해 주고 계십니다. 그래서 늘 조심스럽습니다. (웃음)

영화설교 누리기
〈검은 사제들〉〈극한직업〉〈레미제라블〉
〈쉰들러 리스트〉〈콘크리트 유토피아〉

영화설교를 시연해 볼 수 있도록 다섯 개의 영
화 〈검은 사제들〉〈극한직업〉〈레미제라블〉
〈쉰들러 리스트〉〈콘크리트 유토피아〉에 관한
설교 전문을 실었다. 영화의 어떤 장면을 보여
줬는지 알 수 있도록 타임을 적어 두었다. 표시
시간의 영화 장면을 보면서 원고를 읽거나 혹은
설교해 보면 영화설교의 맛을 누릴 수 있다.

영화 〈검은 사제들〉

빛으로 살아가라

마 5:14~16

S.1 가설(0:00:58~0:05:49)

〈검은 사제들〉은 영화진흥위원회 제공 2016년 1월 22일 현재 누적 관객 5,442,553명으로 역대 흥행 순위 54위라고 합니다. 10여 년 전 우리 교회에서 신앙생활을 시작하고, 아름다운 우리 교회 청년을 만나 결혼을 하고, 예전에 제가 제작한 〈버스〉를 연출한 장재현 감독의 영화입니다. 그래서 영화의 타이틀이 올라가기 전에 나오는 '각본/감독 장재현'이란 표기를 보며 자랑스러웠습니다.

영화는 악령을 물리치고자 결성된 가톨릭 비밀결사 '장미십자회'에 의해 규정된 열두 악령들, 곧 열두 형상들의 존재를 설정합니다. 그들이 전쟁과 재난, 모든 참사를 일으키는 존재들입니다. 그런데 문제는 열두 형상 중에 하나가 한국에서 발견된 것입니다. 동아시아의 참사를 주도하는 악령이었습니다. 그래서 급하게 교황청에서 구마사제, exorcist를 보냅니다. 하지만 강력한 악령의 저항으로 인한 교통사고로 죽습니다. 그때 한 소녀에게 악령이 들어간 것입니다. 그런 설정입니다.

모두 가설에 기초한 것입니다. 그런데 제가 봤던 엑소시즘 영화들

중에서 잘 구성하고 잘 만들었습니다. 그럴수록 불안해졌습니다. 사실 저는 이런 류의 영화를 좋아하지 않습니다. 왜냐하면 엉뚱한 상상력으로 이상한 환상에 빠지게 할 수 있기 때문입니다. 그런데 그런 우려를 가질 만큼 잘 만들었습니다. 우리가 잘 아는 영화 〈엑소시스트〉(1975)보다 더 강력했던 이유는 우리의 상황에서 만들었기 때문입니다.

여하튼 바로 그 소녀가 자살을 기도하면서 김 신부가 이 같은 흐름을 알게 됩니다. 그는 교구에 강력히 요청합니다. 물론 반대가 더 많았습니다. 김 신부가 구마자를 성추행했다는 의심의 눈초리가 있었기 때문입니다. 그래서 교구에서는 다른 목적을 의도하고 활동을 허용합니다. 그리고 시원찮은 신학생을 부제로 붙입니다. 김 신부의 행동을 주시하고 성추행하는 것을 밝히기 위한 의도가 숨어 있었습니다.

S.2 시원찮은 부제(0:11:33~0:15:44)

구마 의식의 최종 단계는 악령이 스스로 형상의 이름을 실토하게 하는 것이었습니다. 악령이 자신을 드러내는 것인데 그것은 스스로 자신이 약함을 실토하는 것이었습니다. 이 설정은 예수가 거라사 지방 어느 무덤 사이에서 쇠사슬에 묶여 있던 귀신 들린 사람에게서 귀신을 내쫓던 장면을 차용한 것 같습니다.

예수님이 그 사람 안에 있는 귀신을 보면서 "더러운 귀신아 그 사람에게서 나오라"(막 5:8)라고 말씀하실 때입니다. 그때 "네 이름이 무엇이냐"(막 5:9)라고 귀신의 이름을 묻습니다. 귀신은 "내 이름은 군대니 우리가 많음이니이다"라고 대답합니다. 그것은 스스로 자신을 해제하고 굴복하는 것이었습니다. 그리고 그 사람에게서 나와 돼지에게로 들어가기를 청합니다. 주님이 허락합니다. 이렇게 기록하고 있습니다.

> "마침 거기 돼지의 큰 떼가 산 곁에서 먹고 있는지라 이에 간
> 구하여 이르되 우리를 돼지에게로 보내어 들어가게 하소서 하
> 니 허락하신대 더러운 귀신들이 나와서 돼지에게로 들어가매
> 거의 이천 마리 되는 떼가 바다를 향하여 비탈로 내리달아 바
> 다에서 몰사하거늘"(막 5:11~13)

참 똑똑한 감독입니다. 영화는 이 말씀의 상징들을 그대로 사용했습니다. 영화에서 익숙하게 보이는 돼지 그리고 그 형상을 물에 빠뜨려 멸한다는 설정에서 그것을 알 수 있습니다.

S.3 구마 방법(0:49:36~0:52:35)

아직 아무것도 준비되지 않은 최 부제는 귀신을 내쫓는 엄청난 구마 의식 현장에서 비참을 경험합니다. 그가 감당할 수 없는 것이었습니다. 결정적인 순간에 도망치는데 한쪽 신발은 제대로 신지도 못한 채 도망쳐 나옵니다.

도망치던 그가 과거 자신의 여동생이 개에게 물려 죽을 때 도망치

던 자신의 모습을 봅니다. 그것은 오랫동안 그를 누르고 있었던 트라우마여서 두려움이 올 때마다 언제나 쓰러졌던 지점이었습니다. 하지만 갑자기 더 이상 도망하지 말아야 한다는 깨달음이 옵니다. 다른 존재로의 변환입니다. 바로 사제로서 갖게 된 '책임'이었습니다. 그 사이에 성숙해졌던 것입니다. 자세한 설명이 없지만 그것 때문이었습니다. 다시 최 부제는 그곳으로 돌아갑니다.

다시 그 자리로 돌아왔지만 여전히 동생 때문에 자책하고 있는 최 부제에게 김 사제는 의미심장한 말을 던지는데, 그 말과 이어진 악에 대한 태도는 중요합니다. 매우 중요한 메시지를 담고 있기 때문입니다.

"그때 저는 돌아가지 못했어요. 동생을 물고 있는 개가 너무 무서웠어요. 너무 컸어요."
"늬 잘못이 아니야. 늬 동생이 더 작아서 그런 거야. 짐승은 절대 자기보다 큰 놈한테 덤비지 않아. 그리고 악도 언제나 우리를 그런 식으로 절망시키지. 늬들도 짐승과 다를 바 없다고. 그런데 신은 인간을 그렇게 만들지 않았어."

영화를 볼 때 이 대사는 제게 강력하게 다가왔습니다. 진실이기 때문입니다. 우리가 어떤 존재인지를 한 방에 정리하기 때문입니다. "신은 인간을 그렇게 만들지 않았어." 실제로 우리는 하찮은 존재가 아닙니다. 우리가 수없이 묵상했던 말씀들 중 시편 8편 말씀처럼 우리는 하나님보다 조금 못한 존재입니다.

"그를 하나님보다 조금 못하게 하시고 영화와 존귀로 관을 씌우셨나이다"(시 8:5)

그래서 우리가 대적하면 귀신 같은 것들은 우리에게 범접도 못하는 것입니다. 하나님이 우리와 함께 계시기 때문입니다. 아예 이렇게 성경은 말합니다.

"너희는 하나님께 복종할지어다 마귀를 대적하라 그리하면 너희를 피하리라"(약 4:7)

이어서 김 사제가 성경을 인용하는 장면은 우리의 존재를 규정하는 또 다른 감동이었습니다.

"사람의 아들아 그들을 두려워하지 말고 그들이 하는 말도 두려워하지 말라. 비록 가시가 너를 둘러싸고 네가 전갈 가운데 산다 하더라도 그들이 하는 말도 두려워하지 말고 그들의 얼굴을 보고 떨지도 말라."

이 말씀은 에스겔서 2장 6절의 인용입니다.

"인자야 너는 비록 가시와 찔레와 함께 있으며 전갈 가운데에
거주할지라도 그들을 두려워하지 말고 그들의 말을 두려워하
지 말지어다 그들은 패역한 족속이라도 그 말을 두려워하지
말며 그 얼굴을 무서워하지 말지어다"(겔 2:6)

에스겔서 본문은 패역한 이스라엘을 향해 하나님의 말씀을 대언
해야 하는 에스겔에게 하신 말씀입니다. 큰 관점에서는 악에 대한 말
씀일 수 있습니다.

한 가지 간과하지 말아야 할 것은 감독이 의도하지는 않았겠지만
그 속에 또 다른 말씀이 흐르고 있었다는 것입니다. 모르는 중에 감독
이 넣은 말씀입니다.

"몸은 죽여도 영혼은 능히 죽이지 못하는 자들을 두려워하지
말고 오직 몸과 영혼을 능히 지옥에 멸하실 수 있는 이를 두려
워하라"(마 10:28)

우리의 주권은 오직 하나님에게 있다는 뜻입니다. 욥기에서 보듯
이 사단이 날뛰어서 특별한 이유로 시험이 허용되었더라도, 사단은
하나님이 정해 놓은 것 안에서만 시험이 가능했습니다. 우리는 사단

의 권세에 놓인 자가 아니라 하나님의 권세 아래 놓인 하나님의 자녀이기 때문입니다.

S.4 신은 인간을 그렇게 만들지 않았다(1:19:16~1:25:11)

"신은 인간을 그렇게 만들지 않았어."

압도적 대사였습니다. 그것으로 모든 것이 정리되었습니다. 우리는 하나님의 자녀이기 때문입니다. 잊지 말아야 합니다. 귀신 나부랭이 따위 가지고 호들갑을 떨 만큼 인간은 약하지 않다는 사실입니다.

그래서 영화에서 장미십자회, 어쩌고저쩌고 회가 인정한 주요 귀신 열두 마리 중의 하나, 완벽하게 숨겨진 강력한 귀신의 값이란 저기 새끼 돼지만도 못한 것이라고 정의할 때 통쾌했습니다. 감독은 그것을 정확히 알고 있었습니다.

그 놀라운 존재감으로 김 신부, 최 부제 그리고 영신은 강력하게 싸우고 있었습니다. 인간은 능히 대적함으로 이길 수 있습니다. 그것이 성경이 말하고 있는 내용이기 때문입니다.

그런 까닭에 무슨 열두 악령 중의 하나라 해도 귀신 나부랭이는 그렇게 소녀에게서 나와야 했습니다. 거기서 압권은 그 귀신 나부랭이를 새끼 돼지 안에 집어넣는 장면입니다. 그러니까 그 악령은 새끼 돼지 정도에 집어넣어도 될 만큼 하찮은 것이었습니다.

거룩한 인간에 대한 통찰력, 범접할 수 없는 고귀한 존재로서의 인간에 대한 묘사. 이 영화의 강력함입니다. 그리고 돼지를 물에 빠뜨리는 장면은 거라사 귀신 축출의 마지막의 재연이었습니다.

S.5 끝(1:40:04~1:44:22)

그런데 구마 의식을 할 때였습니다. 그 악령의 존재 이유를 물을 때 대답하는 그 대사가 마음에 걸렸습니다.

"세상에 빛을 끄려고 왔다."

지금은 무슨 무슨 귀신들이 없습니다. 그 많던 귀신들, 우리나라는 귀신 천국이었습니다. 그렇게 많던 무당과 점술사들, 예전만큼 하지 않습니다. 이것이 악이 사라졌기 때문입니까? 사실 눈에 보이는 악령들과 귀신들은 거의 볼 수 없게 되었습니다. 그런데 이상한 현상이 우리가 살고 있는 세상을 덮고 있습니다. 영화 속 악령이 외치던 말 그대로 말입니다.

"세상에 빛을 끄려고 왔다."

세상에 빛이 사라지고 있는 것입니다. 아니, 빛이 희미해졌습니다. 빛이 없다고 해도 과언이 아닙니다. 크리스천의 종말, 교회의 종

말입니다.

여전히 모양은 있습니다. 아직 교회도, 크리스천도 세상에 가득합니다. 그런데 빛이 사라진 것입니다. 빛이 없다! 빛이 없는 교회, 빛이 없는 크리스천! 보이는 악령은 사라졌는데 빛은 없는 것입니다. 교묘하게 위선과 형식으로 포장하고 타협하게 한 것입니다. 귀신, 악령의 위장입니다. 귀신의 진화라 말할 수 있을 것 같습니다.

분명히 주님은 우리를 빛이라 하셨습니다. 우리가 세상을 밝혀야 합니다.

"너희는 세상의 빛이라 산 위에 있는 동네가 숨겨지지 못할 것이요 사람이 등불을 켜서 말 아래에 두지 아니하고 등경 위에 두나니 이러므로 집 안 모든 사람에게 비치느니라"(마 5:14~15)

그런데 혹시 영화의 언어처럼 그 빛을 악령이 꺼 버린 것인지 모릅니다. 아니 빛을 비추지 않고 뚜껑으로 덮어 버렸는지 모릅니다. 그래서 그 안을 태우고 스스로 무너진 것인지도 모릅니다. 그 악의 전략이 이긴 것인지 모릅니다. 그러므로 주님의 말씀대로 살아야 합니다. 빛을 드러내야 합니다. 우리의 책임입니다. 반드시 해야 할 것입니다. 그렇지 않으면 우리의 빛은 사라질지 모르기 때문입니다.

"이같이 너희 빛이 사람 앞에 비치게 하여 그들로 너희 착한

행실을 보고 하늘에 계신 너희 아버지께 영광을 돌리게 하라"

(마 5:16)

"빛을 비추라!" 그런데 이것이 우리의 관심이 아니라 탐욕, 욕망, 성공, 자기 영광, 헛된 욕망, 교만, 음란 등 온통 어두움이 지배하고 있습니다. 빛이 사라진 것입니다.

다시 회복해야 합니다. 왜냐하면 하나님은 인간을 그렇게 만들지 않았기 때문입니다. 우리는 하나님의 자녀이고 빛으로 사는 것은 우리의 책임이기 때문입니다. 오로지 하나님에게만 복종함으로 마귀, 귀신 나부랭이들을 대적하여 물리치고 빛으로 살아야 합니다.

"너희는 세상의 빛이라."

S.6 영화묵상 "하나님은 인간을 그렇게 만들지 않았다"

귀신 나부랭이 같은 것들
천박한 것들
그저 바람에 나는 겨 같은 것

오로지 하나님 때문
우리는 하나님의 자녀이기 때문

마치 우는 사자처럼

우리를 집어삼킬 것처럼 달려들어도

허울 좋은 것들

사슬에 묶인 사자 같은 것들

우리를 해할 수 없다.

그것이 그것들의 한계

우리는 하나님의 자녀이기 때문

하나님은 인간을 그렇게 만들지 않았다.

귀신 같은 것들

교묘히 변형되고 있다.

이미 돈 속에 녹아들었고

이미 권력 속에 녹아들었다.

아무도 모르게 슬그머니

우리의 문화 속에 녹아들었다.

귀신의 진화

종교조차

신앙조차

천사의 가면을 쓴 것들

영화설교 수업

분별해야 한다.

귀신 나부랭이 같은 것들

그래도 무너질 수 없다.

그것은 불가능하다.

하나님은 인간을 그렇게 만들지 않았다.

그것 때문이다.

우리는 하나님의 형상대로 지음받은

하나님의 자녀이기 때문이다.

우리는 오로지 하나님께만 복종한다.

"너희는 하나님께 복종할지어다 마귀를 대적하라 그리하면

너희를 피하리라"(약 4:7)

영화 〈극한직업〉

덤

마 6:25~34

S.1 무능한 경찰(0:01:25~0:04:37, 0:08:09~0:09:13)

첫 시작부터 그렇습니다. 소위 마약 전담반 형사 팀의 존재가 한심합니다. 마약사범 한 명 잡으려고 상가 건물 내로 진입하는 과정이나 추적 과정도 그렇습니다. 오히려 사고만 일으킬 뿐이었습니다.

그 같은 모습이 불쌍해 보인 후배 강력반장이 고 반장에게 중요한 제보를 합니다. 거물 마약범 이무배의 아지트를 가르쳐 준 것입니다. 그래서 고 반장 팀은 그가 나타나길 기다리며 그 아지트 맞은편에 있는 치킨집을 거점 기지로 삼아 잠복근무를 시작했습니다.

그 치킨집은 다행히도 이무배 아지트에서 유일하게 주문하는 치킨집이었습니다. 하지만 일주일쯤 지나면서 알게 된 것이지만 거의 장사가 안 되어 폐업을 앞둔 상황이었습니다. 어쩔 수 없이 고 반장 팀은 이무배를 잡기 위해 치킨집을 인수합니다.

그런데 어이없는 일이 벌어집니다. 경찰 본청에서 수사 자금 지원이 이뤄지지 않자 이무배 못 잡으면 다 때려치우고 치킨집 차리려는 심산으로 퇴직금으로 인수해서 장사를 시작했는데 의외로 장사가 너무 잘된 것입니다. 처음에는 다른 치킨을 사다가 박스 갈이만 해서 팔았습니다. 그러다 우연히 마 형사가 닭을 튀겼는데, 그의 닭 튀기는 솜씨가 일품이었습니다. 더구나 그의 아버지가 하시는 수원왕갈비 소스를 사용했더니 더 대박이었습니다.

S.2 치킨 대박 장사(0:19:17~0:20:56, 0:32:40~0:37:30)

잘되도 너무 잘되었습니다. 줄을 서서 먹는 치킨집이 되었습니다. 어느 사이엔가 직업이 혼동되는 듯 보였습니다. 그런데 하도 바빠서 그리 보일뿐 사실은 아니었습니다.

예를 들어 맛집이란 소문이 들리자 한 방송국에서 먹방으로 취재하겠다고 찾아왔습니다. 그런데 고 반장 팀은 별로 관심이 없었습니다. 그것이 방송국 측에 모욕감을 주었지만 그들의 목적은 마약왕 이무배를 잡는 것이기 때문이었습니다. 그런데 그 같은 초월적 태도가 더욱 장사를 잘되게 했습니다.

어쩔 수 없어서 아예 가격을 터무니없게 올려 버렸습니다. 16,000원짜리가 36,000원이 되었습니다. 어이없게도 그래도 장사가 잘되었습니다.

장사가 잘되든 잘되지 않든 관계없다! 하지만 이 수상한 잠복근무 때문에 참다못한 경찰서장은 마약 팀의 해체를 명령할 수밖에 없었습니다. 그래서 해체 명령을 내리려고 불렀는데 갑자기 서장 앞에서 치킨 주문이 온 것입니다. 그 순간 서장을 뒤로 하고 모두 밖으로 튀어나갑니다. 치킨을 준비하고 배달을 합니다. 수사 대상이 주문한 것으로 알았기 때문입니다. 장사가 아무리 잘되어도 의미 없었습니다. 그들의 목적은 치킨집이 아니었기 때문입니다.

S.3 치킨이 목적이 아니다(0:39:21~0:40:41, 0:46:13~0:50:56)

치킨집이 목적이 아니다! 사실 이 세계관이 주님이 말씀하신 세계관의 핵심입니다. 주님의 이 말씀을 기억하실 것입니다.

> "너희는 먼저 그의 나라와 그의 의를 구하라 그리하면 이 모든
> 것을 너희에게 더하시리라"(마 6:33)

우리의 목적은 '하나님 나라와 그의 의를 구하며 사는 것'입니다. 한마디로 말해서 초월적 가치를 추구하며 사는 것입니다. 그런데 그렇게 살다가도 기웃거립니다. 우리의 관심은 하나님 나라보다 이 세상에 묶여 있습니다. 그것을 주님은 이렇게 말씀하셨습니다.

> "염려하여 이르기를 무엇을 먹을까 무엇을 마실까 무엇을 입
> 을까 하지 말라"(마 6:31)

잊지 마십시오. 먹고 마시고 입고 사는 것은 우리가 추구해야 할 목적이 아니라는 말입니다. 가난할 수도 있고 부족할 수도 있고 잘 안될 수도 있지만 그것이 중요할 수 없습니다. 그것이 우리의 존재를 흐

리거나 훼손하지 못한다는 뜻입니다. 주님은 이렇게 말씀하시므로 그것을 표현하셨습니다.

> "또 너희가 어찌 의복을 위하여 염려하느냐 들의 백합화가 어떻게 자라는가 생각하여 보라 수고도 아니하고 길쌈도 아니하느니라 그러나 내가 너희에게 말하노니 솔로몬의 모든 영광으로도 입은 것이 이 꽃 하나만 같지 못하였느니라 오늘 있다가 내일 아궁이에 던져지는 들풀도 하나님이 이렇게 입히시거든 하물며 너희일까 보냐 믿음이 작은 자들아"(마 6:28~30)

이것이 비밀입니다. 우리의 목적이나 삶의 이유는 하나님 나라입니다. 그러므로 장사가 잘되거나 안되거나 상관없습니다. 잘되면 그것은 덤입니다. 33절의 "이 모든 것을 너희에게 더하시리라"라는 말씀에서 알 수 있듯이 그것들은 '덤'입니다. 그것이 전부일 수 없는 것입니다.

저의 경우 책을 쓰고, 그림을 그리고, 사진을 찍고, 영화를 만들고, 노래를 만들고, 심지어 집회에 가서 설교를 하고 융숭한 대접을 받는 것은 목적이 아닙니다. 덤입니다. 목적은 말씀을 전하고 복음의 통로가 되는 것입니다. 그것 때문에 얻는 모든 것은 덤입니다. 이것이 제 목표가 아닙니다. 제게 가장 중요한 것이 아닙니다. 무슨 단체에서 감투를 얻고 권력을 얻는 것도 관심 없습니다. 그것이 목적이 아닙니다.

그런데 아십니까? 여기서 순결과 청빈과 겸손이 나오는 것입니다. 무슨 사례비를 받는 것이 목적이 아니니까, 처음부터 얼마를 달라고 하고 그것 때문에 초청을 거절하는 일은 있을 수 없습니다. 제가 말씀을 전할 수 있다는 것만 중요하기 때문입니다. 그러다 제가 받지도 않으면 대단히 칭찬합니다.

오늘 우리 크리스천들의 삶이 피폐해진 이유, 목사들이 세습이니 뭐니에 흔들리고 명예와 권력 그리고 물질에 흔들리는 이유는 하나님 나라 중심의 삶을 놓쳤기 때문입니다.

그것은 단순한 문제가 아닙니다. 잘못된 메시지를 전하는 일을 만들기 때문입니다. 오늘 우리 시대의 교회와 무기력한 크리스천들을 양산한 결정적인 이유는 우선적으로 목사들의 잘못된 메시지 때문입니다.

이스라엘의 멸망 앞에서 예레미야는 정확하게 그 이유를 알고 있었습니다. 그는 정확한 예언의 말씀을 전하지 않은 선지자들에게 화를 냅니다. 결과적으로 그것은 회개하는 것을 막은 것이었고 나약한 삶을 살게 한 원인이었기 때문입니다.

"네 예언자들이 환상을 보고 일러 준 말은 얼마나 허황한 거짓 말이었던가? 네 죄를 밝혀 운명을 돌이켜 주어야 할 것을, 허황한 거짓 예언만 늘어놓다니!"(애 2:14, 공동번역)

예레미야는 애가로 이어지는 글에서 정확하게 멸망의 이유를 선지자와 제사장들의 죄 때문이라고 말합니다. 고백이었습니다.

"그의 선지자들의 죄들과 제사장들의 죄악들 때문이니"(애 4:13)

그러므로 저를 비롯한 목회자들과 모든 리더들이 문제입니다. 말씀에 바르게 서지 못한 잘못과 스스로 하나님의 묵시를 분별하지 못한 잘못과 자기 자신 하나 지탱할 수 있는 힘을 지니지 못한 잘못과 알면서도 나약하고 나태한 잘못이 문제임을 잊지 말아야 합니다. 이같은 것을 넘어서지 못하면 우리는 "무엇을 먹을까 무엇을 마실까 무엇을 입을까"로 표현되는 이 세상에 묶인 삶을 살다가 끝날 것입니다. 하나님 나라 없이 말입니다.

영화는 재미있습니다. 그렇게 닭을 튀겨 수면제를 탄 음료수를 가지고 잠입했는데 이미 이무배 일당이 은거지를 옮긴 뒤였습니다. 치킨 배달을 시킨 이들은 이사 간 그 집을 청소하던 이들이었습니다. 더이상 치킨집이 필요 없게 되었습니다.

여기서 감독은 반전을 넣습니다. 일전에 무시당한 방송국 피디가 앙심을 품고 정밀 조사를 하다가 과거 다른 치킨집에서 주문하여 박스 갈이를 한 것부터 시작해서 재료와 내용은 똑같은데 터무니없는 가격을 받은 것 등을 두고 고발한 것입니다. 졸지에 비난을 받는 치킨집이 된 것입니다.

그런데 이무배 일당은 그 방송을 보고 치킨집을 이용하여 전국 프랜차이즈를 개설하고, 마약을 배달하는 도구로 삼으려고 고 반장 팀에 프랜차이즈 사업권과 상표, 양념 레시피를 거액을 주고 사들입니다. 치킨 배달을 이용하여 마약의 대중화를 계획한 것입니다.

더 설명할 것도 없습니다. 이것 때문에 이무배 일당이 수면 위로 드러나게 되었고 대소탕 작전이 벌어집니다. 알고 봤더니 마약 팀 모두가 한가락 하던 이들이었습니다. 그들의 영웅적 활약으로 이무배 일당을 완전 소탕하고 전원 계급 특진하는 해피 엔딩으로 끝납니다.

S.4 해피 엔딩(1:01:20~1:02:48, 1:13:52~1:15:20, 1:32:10~1:35:26, 1:46:49~1:47:31)

잊지 마십시오. 일 계급을 특진해도 그것은 덤입니다. 이 땅 위에서 무슨 대박 사건을 만나도 그리스도 예수를 만난 것과 하나님 나라를 추구하는 것만큼 대박은 없습니다.

이 세상이 아름답게 지금까지 유지되었던 이유는 이 같은 하나님 나라 가치를 가진 크리스천들이 우리에게 있었기 때문입니다. 그들의 섬김과 가치가 세상을 신선하게 했었습니다. 그 모든 것은 이 세상의 것들을 덤으로 알았기에 가능했습니다.

그런데 어느 날부터 우리의 삶과 신앙이 피폐해진 이유는 덤이 목적이 되었기 때문입니다. 가치의 전도 때문입니다. 이것을 정확하게 알고 있던 바울은 자신 앞에서 세상을 자랑하는 이들에게 주님이 말씀하신 것처럼 '덤'이라고 표현하지도 않았습니다. 다른 한 글자로 표현했습니다. '똥' 즉 배설물이라고 규정했습니다.

"하기야 세속적인 면에서도 나는 내세울 만한 것이 있습니다. 만일 어떤 사람이 세속적인 것을 가지고 자랑하려 든다면 나에게는 자랑할 만한 것이 더 많습니다. 나는 이스라엘 백성 가운데서도 베냐민 지파에서 태어났으며 난 지 여드레 만에 할례를 받았고 히브리 사람 중의 히브리 사람입니다. 나는 율법으로 말하면 바리사이파 사람이며 열성으로 말하면 교회를 박해하던 사람입니다. 율법을 지킴으로써 올바른 사람으로 인정을 받는다면 나는 조금도 흠이 없는 사람입니다. 그러나 나에게 유익했던 이런 것들을 나는 그리스도를 위해서 장해물로 여겼습니다. 그뿐만 아니라 나에게는 모든 것이 다 장해물로 생각됩니다. 나에게는 내 주 그리스도 예수를 아는 지식이 무엇보다도 존귀합니다. 나는 그리스도를 위해서 모든 것을 잃었고 그것들을 모두 쓰레기(똥/배설물)로 여기고 있습니다."(빌 3:4~8, 공동번역)

저는 오늘도 꿈을 꾸며 가르칩니다. 이 놀라운 비밀과 깨달음을 가진 크리스천들이 일어나기를 바라고 소망합니다. 세상적인 교회, 번

영신학에 물든 교회, 이상한 영적 교만에 빠진 교회, 나약하고 존재감 없는 교회에서 벗어나 우리가 다른 존재가 되는 꿈을 꾸며 가르치고 기도합니다. 좀 더디더라도, 단 몇 명이라도 일어나리라 믿습니다. 그것을 믿습니다. 그때 어떤 일이 벌어지겠습니까? 비로소 세상은 아름다운 희망이 시작될 것입니다. 그렇지 않습니까? 흥분되지 않습니까?

S.5 영화묵상 "덤"

잘되어도
못되어도
핵심은 그것이 아닌데
착각한다.

그래서 너무 잘되면
잘된 것이 문제가 된다.
목적을 혼동한다.

그래서 너무 안되면
안된 것도 문제가 된다.
아예 절망한다.

이 모든 것은 덤이다.
잘되어도
그것이 최종 목표가 아니고
못되어도
그것이 끝이 아니다.

바람처럼 흐르게 놔두고
낙엽처럼 떨어지게 놔두라.
그것이 목표가 아니다.

소풍이라 말한 천상병 시인처럼
우리의 전부가 아니다.

그래서 하나님을 바라봐야 한다.
그래야 내가 보이고
그래야 삶의 이유가 선명해지니까.
그런데 자꾸 덤 같은 것에 묶이고
그 덤 같은 것에 끌려다닌다.
제발 그러지 마라.

"이 모든 것은 덤이다. 이것을 잊지 말라." (마 6:33, 참조)

영화 〈레미제라블〉

아름다운 청년들을 보고 싶다

눅 12:49~53

S.1 Look Down(0:00:42~0:05:22)

"1815년 프랑스 혁명 26년 후 국왕은 다시 왕위에 올랐다"라는 말로 시작하는 〈레미제라블〉은 먼저 그 시대적 배경을 살펴볼 필요가 있습니다.

여기서 프랑스 혁명은 1789년 왕정 정치의 상징인 왕 루이 16세와 왕비 마리 앙투아네트가 단두대의 이슬로 사라지게 된 프랑스 대혁명을 말합니다. 이후 공화정이 수립되지만 불안정한 상태로 이어지다가 1799년 나폴레옹이 집권합니다. 그는 절대적 지지를 받았지만 무리한 전쟁 특히 러시아 공격이 실패로 돌아가면서 폐위되었고, 이후 부르봉 왕가의 후예인 루이 16세의 동생 루이 18세(1814~1824), 샤를 10세(1824~1830)로 이어지는 왕정 시대가 계속됩니다.

그러므로 영화의 시작 장면인 1815년은 루이 18세 때입니다. 법의 노예로 살던 장 발장은 가석방을 받았지만 주홍 글자가 새겨진 것처럼 평생 감시받는 삶을 살아야 했습니다. 이렇게 처음을 시작하지만 영화의 대부분인 현재 시점은 그로부터 한참 시간이 지나 장 발장이 성공한 사업가로 자신을 감추고 살던 시대입니다.

그 시대는 18세기 중반 산업혁명이 시작된 시기로 농민들이 도시로 몰려들고, 산업 부르주아지(bourgeoisie)들은 부자가 되었지만 임금 노동자들은 최악의 상황으로 내몰리던 때였습니다. 살아 내기가 점점 힘들어지자 시민 계급인 부르주아지가 중심이 되어 샤를 10세를 폐위시키는 1830년 7월 혁명이 일어납니다.

유럽이 점차 소용돌이 가운데로 들어가는 상황에, 의회는 루이 필립(1830~1848)을 새로운 왕으로 옹립합니다. 루이 필립은 스스로 평민을 자처했던 아버지 오를레앙 공작의 아들로 '평등한 자의 아들'이란 별명을 가지고 있었습니다. 그러나 그 역시 정권을 잡은 후에는 아버지 '평등한 필립'과는 달리 가혹한 억압 정치를 폈습니다.

흉작에 식량난, 그리고 1832년 봄 전 유럽에 창궐했던 콜레라로 인해 많은 사람이 죽게 되면서 그 상황을 견디는 하층 부르주아지와 노동자들에게는 과거 나폴레옹 시절을 그리워하는 마음이 있었습니다. 그 휘하의 장군이자 자유주의 정치인이었던 장 막시밀리앙 라마르크가 6월 1일에 사망하자, 그것을 계기로 왕정이 아니라 공화주의를 꿈꾸는 이들이 1832년 6월 5일부터 6월 6일까지 파리에서 항쟁을 일으켰는데 이것이 바로 〈레미제라블〉의 시대적 배경입니다.

영화는 1832년 6월 항쟁을 배경으로 하고 있는데, 이 시기는 처참하고 비참한 시절이었습니다. 빅토르 위고가 원작의 제목을 'Les Miserables' 즉 '비참한 사람들'이라고 지은 것처럼, 이야기의 배경이 되는 그 시대는 모두가 비참했습니다. 이 이야기 〈레미제라블〉에 등장하는 모든 사람들 역시 비참했습니다. 비참하다는 것, 시대를 말하는 중요한 화두였습니다.

그 비참함을 말하는 또 한 사람은 앤 해서웨이가 연기한 '판틴'입니다. 가난은 그녀의 뼛속까지 스며들어 있었습니다. 사랑하는 어린 딸 '코제트'와 떨어져 살면서 딸의 생활비를 근근이 보내던 그녀가 공장에서 해고당하면서 만난 가난의 비참함은 견딜 수 없는 것이었습니다. 딸에게 생활비를 보내기 위해 머리카락과 생이빨을 뽑아 팔고 결국에는 몸을 팔아도 살 수 없는 비참함이라니. 그녀가 희망 없이 몸을 팔고 난 후 부르는 노래는, 그 가사 하나하나가 가슴을 절절하게 만들었습니다.

I dreamed a dream in times gone by

지나가 버린 옛날 나는 꿈을 꾸었어요.

When hope was high

그때는 희망이 가득했고

And life worth living

삶은 살 만한 가치가 있었어요.

I dreamed that love would never die

사랑은 결코 죽지 않으리라 꿈꾸었고

I dreamed that God would be forgiving

신은 자비로울 거라고 꿈꾸었어요.

Then I was young and unafraid

그때 난 젊고 겁이 없었지요.

And dreams were made and used and wasted

꿈을 만들고 쓰고 낭비했어요.

S.2 I dreamed a dream(0:27:15~0:31:45)

이 비극의 시대를 견디지 못하고 일어선 것은 그 시대의 청년들이었습니다. 순응하지 않은 것입니다. 우리나라 4.19 혁명의 주체가 청년들이었고, 민주화를 이끌었던 중심에 청년 대학생이 있었던 것처럼 영화도 마찬가지였습니다.

청년들이 중심이 된 시위대는 6월 5일 라마르크 장군의 시민 장례식에서 장례 행렬을 바스티유 광장으로 이끌면서 거사를 일으켰습니다. 파리의 중심부인 생 마르탱 지구의 생 마르탱 길과 생 드니 길 부근의 좁은 부분에 바리케이드를 쌓았습니다. 하지만 하루 만인 6일, 루이 필립은 25,000명의 정규군을 투입하여 무력으로 진압합니다.

어떻게 보면 비참해 보입니다. 어느 누구도 반응하지 않았고, 그들이 쌓아 놓은 바리케이드에 그들 스스로 고립되어 죽음을 맞이했기 때문입니다. 더 비참한 것은 그들의 주장 때문이 아니라 그들을 보고도 문을 닫는 사람들의 외면과 무관심 때문이었습니다.

"또 어떤 이들은 조롱과 채찍질뿐 아니라 결박과 옥에 갇히는 시련도 받았으며 돌로 치는 것과 톱으로 켜는 것과 시험과 칼로 죽임을 당하고 양과 염소의 가죽을 입고 유리하여 궁핍과 환난과 학대를 받았으니"(히 11:36~37)

분명 그들의 결말은 비참한 고통이었고, 죽음이었습니다. 그런데 정말 이것을 비참하다고만 말할 수 있습니까? 그렇지 않습니다. 이어지는 다음 성경 구절을 보면 이렇게 풋노트가 달려 있습니다.

"(이런 사람은 세상이 감당하지 못하느니라) 그들이 광야와 산과 동굴과 토굴에 유리하였느니라"(히 11:38)

성경은 그들이 비참하지 않다고 말하고 있는 것입니다. 오히려 세상은 그들을 담을 만한 그릇이 되지 못한다는 뜻입니다. 그들이 그렇게 죽고 고통당했다는 것은 타협하지 않았다는 의미입니다. 그래서 그들은 자신들을 십자군이라고 생각했습니다. 그들은 불의와 악을 향한 하나님의 군대라고 고백하며 같이 의거할 것을 요청합니다.

"Will you join in our crusade(십자군의 길에 동참할 텐가)?"

그런 까닭에 이 같은 외침을 하며 바리케이드를 치고 군대와 대치

할 때의 모습은 거룩했습니다. 그들로 인하여 세상에 희망이 생기고 다시 살아갈 용기가 생기기 때문입니다. 그 후에도 저항은 끊임없이 일어났고, 결국 1848년 2월 혁명으로 루이 필립은 왕위에서 쫓겨납니다. 프랑스의 마지막 왕으로 남게 된 것입니다.

S.3 시퍼런 청년들(1:35:35~1:40:22)

하지만 쉬운 싸움이 아니었습니다. 바로 그곳에 있을 때 두려움에 떨고 있던 세상 사람들은 그들을 버립니다. 하룻밤을 자고 났더니 아무도 없었습니다. 영화에서 앙졸라는 말합니다.

"우리밖에 없어. 시민들도 움직임이 없어. 두려움 때문에 우리 버린 거야. 개죽음은 막아야지. 떠나고 싶은 사람은 그냥 떠나."

사실 모두가 주춤합니다. 저항과 거부는 쉽지 않고 타협과 침묵이 더 쉽기 때문입니다. 그런데 거기 어린 거지 아이 가브로쉬가 바리케이드를 넘어 군대 앞으로 나아갑니다. 그리고 진압군의 총에 맞아 현장에서 죽습니다. 그것이 기폭제였습니다. 분명히 무모한 항거였습니다. 그들은 죽을 것을 알았고, 모두 죽습니다. 그것이 시작이었습니다.

모든 시위가 끝난 후였습니다. 그 죽은 청년들의 시신을 바라보던 자베르 경감이 거지 아이 가브로쉬의 가슴에 자신의 훈장을 달아 줍니다. 왜 그렇게 한 것입니까?

S.4 가브로쉬의 가슴에 훈장을(1:57:31~2:03:49)

왜 자베르 경감은 거지 아이 가브로쉬의 가슴에 자신의 훈장을 달아 준 것입니까? 한마디로 말해 부끄럽기 때문이었을 것입니다. 사실이 엄청난 역사의 현장에서 자베르의 관심은 빵 한 조각을 훔친 죄로 19년을 복역하다가 도망친 장 발장을 찾는 것이었습니다. 물론 아무리 비참한 시대라 할지라도 불의가 용납되어서는 안 된다는 자베르는 틀리지 않습니다. 이처럼 자베르가 도둑을 잡으려고 하는 행위가 불의도 아닙니다.

그럼에도 불구하고 자베르는 비참했습니다. 왜냐하면 세상은 더 큰 불의가 지배하고 있었기 때문입니다. 그 엄청난 불의와 부조리 앞에서 고작 빵 한 조각 훔친 것을 불의라고 말하는 것은 뭔가 모순됨을 깨달았기 때문입니다. 이 사실을 아는 순간 그는 살 수 없었습니다. 그가 택한 죽음의 의미였습니다.

부끄러움은 장 발장도 마찬가지였습니다. 그가 부끄러운 이유는 자신이 드러나는 것이 두려워 숨어 돌아다닌 세월 때문이었습니다. 그 시간이, 그런 자신이 부끄러웠던 것입니다. 물론 모두가 숨고 있던 그 자리, 모든 청년이 죽어 가던 그 자리에서 판틴의 딸이자 자신이 돌보던 양녀, 피같이 귀중한 코제트의 사랑하는 사람 마리우스를 살

렸지만 그래도 부끄러웠습니다.

자베르도 그렇고, 장 발장도 그렇고, 그들이 부끄러움을 갖게 된 이유는 무엇입니까? 당연히 순결하게 살았던 청년들 때문입니다. 그렇게 살았던 사람, 지금도 살고 있는 사람이 있어서 고마운 것입니다. 그들이 순결하기에 우리가 부끄러움을 느끼게 된 것입니다.

그래서 그들의 죽음과 희생이 비참하거나 어리석은 죽음이 아닌 것입니다. 여전히 사람들은 무모한 싸움, 어리석은 투쟁이라고 말합니다. 그래서 멈춥니다. 그것이 불의가 관영한 이유입니다. 아름다운 희생의 길을 걷는 이들이 없는 까닭에 세상이 더 뻔뻔해지는 것입니다. 그래서 주님은 이렇게 말씀하셨습니다.

"49내가 불을 땅에 던지러 왔노니 이 불이 이미 붙었으면 내가 무엇을 원하리요 51내가 세상에 화평을 주려고 온 줄로 아느 냐 내가 너희에게 이르노니 아니라 도리어 분쟁하게 하려 함 이로라 53아버지가 아들과, 아들이 아버지와, 어머니가 딸과, 딸이 어머니와, 시어머니가 며느리와, 며느리가 시어머니와 분쟁하리라 하시니라"(눅 12:49, 51, 53)

"무모한 분쟁입니다. 기독교는 평화의 종교인데, 이 같은 싸움은 잘못된 것이 아닙니까"라고 말하는 이들에 대한 주님의 대답입니다. 물론 평화는 맞지만 불의에 대한 평화를 말하는 것은 아닙니다.

이 본문은 약간의 교정된 해석이 필요합니다. 특히 개역성경이 '분쟁'으로, 공동번역이 '분열'로 번역해서 약간 오해하게 만들었는데, 본래 헬라어 원문에서 쓰인 단어 '디아메리스모스'는 '분리(division)'를 뜻합니다. 그러니까 이 세상의 흐름에 타협하거나 굴복하지 않고 그 악과 불의에서 자신을 분리하라는 뜻입니다. 심지어 그 대상이 부모와 자식의 관계라 할지라도 옳은 의는 포기할 수 없는 가치라는 뜻입니다.

원래 기독교는 그렇습니다. 일본 제국주의 치하에서 평화라 함은 일본의 합병을 받아들이는 것이겠지만 우리 크리스천들은 분명히 그런 불의에 대하여 자신을 분리시킵니다. 그런 까닭에 기독교인들이 독립운동을 주도할 수밖에 없었습니다. 김구, 안창호, 김규식, 윤동주, 유관순, 서재필, 윤치호, 남궁억, 이상재, 이승훈, 이동휘, 이승만, 심훈, 이상설, 주시경 등 거의 대부분이 크리스천이었고 청년이었습니다. 나아가 민주화 운동을 이끌었던 중심에도 교회가 있었습니다. 그리고 청년들이 있었습니다. 그들이 시대의 양심이었고 부끄러워하는 염치를 준 것입니다.

시대가 아름다운 것은 나이가 많든 적든 하나님 앞에서 순결하고 정직하고 아름다운 청년 같은 이들이 살아 있기 때문입니다. 그들이 불의를 거부하고 얼마든지 불이익을 감수하며 정의를 좇아 무모함을 살기 때문입니다. 그것을 사람들이 바라보면서 부끄러움, 염치를 느낄 수 있기 때문입니다.

그러므로 시대의 비극은 우리보다 청년이 더 빨리 썩어 가고 있다는 것이고 올곧은 크리스천 청년들, 아름답게 여전히 청년으로 사는 이들이 사라지고 있다는 사실입니다. 그때가 희망이 없는 때입니다.

존재하는 것만으로 나를 깨끗하게 하는 청년들, 청년으로 사는 사람들, 청년의 심장을 가진 청년의 정신들을 만나고 싶습니다. 와락 껴안아 주고 싶은 아름다운 청년들을 보고 싶습니다. 감사하다고 말하고 싶습니다. 우리를 살게 하는 근원이니까 말입니다. 아니 우리가 그 청년이 되어 살아야 합니다. 청년으로 계속 살고 싶은 이유입니다.

더불어 말하고 싶은 것이 있습니다. 하나님 나라입니다. 그 영광이 있다는 사실입니다. 이 세상으로 끝나지 않고 다가오는 하나님 나라가 있다는 사실을 잊지 말아야 합니다.

영화의 마지막 장면은 마치 그들이 모두 다시 부활한 모습처럼 아름답고 맑은 모습으로 함께 노래하는 피날레입니다. tomorrow comes! 내일은 오기 때문에 Will you join in our crusade? 우리 십자군, 거룩한 주님의 군대에 합류하지 않겠는가? 그 부르는 노래가 아름다웠습니다. 그리고 노래의 마지막 가사 tomorrow comes! '내일은 오니까!'가 유난히도 크게 들렸습니다. 그렇습니다. 내일, 그날은 옵니다. 그때까지 33세의 예수 청년처럼 아무리 시간이 흘러도 청년으로, 청년처럼 함께 걸어가길 원합니다. 그렇게 되기를 축복합니다.

S.5 그날은 오니까(2:28:14~2:29:40)

말씀을 마치면서 히브리서 그 아름다운 증언을 읽겠습니다.

"이러므로 우리에게 구름같이 둘러싼 허다한 증인들이 있으니 모든 무거운 것과 얽매이기 쉬운 죄를 벗어 버리고 인내로써 우리 앞에 당한 경주를 하며 믿음의 주요 또 온전하게 하시는 이인 예수를 바라보자 그는 그 앞에 있는 기쁨을 위하여 십자가를 참으사 부끄러움을 개의치 아니하시더니 하나님 보좌우편에 앉으셨느니라"(히 12:1~2)

S.6 영화묵상 "너희가 고맙다"

비참한 시대, 레미제라블
어김없이 희망은 사라졌다.
체념해야 한다.
절망을 일상으로 받아들여야 한다.

간혹 정의란 이름으로 나타나지만
그것은 정의가 아니다.
그래서 비참한 시대
정의는 액세서리이기 때문에

더 비참한 시대

이때는 거짓으로 살아야 하는 때
이때는 불의로 살아야 하는 때
이때는 침묵으로 살아야 하는 때
비참한 시대이기에

그래서 너희가 고맙다.
저기 바리케이드를 쌓아 놓고
죽음으로 끝날 자신을 희망의 제단에 내놓은
너희들의 무모한 용기가 고맙다.
너희들의 순결한 희생이 고맙다.

언젠가 그날이 오면
너희들이 다시 살아날 것을 믿는다.
저기 창문을 닫았던 사람들
그들의 손이 부끄러워질 날이 올 것을 믿는다.

너희들을 축복한다.
너희들을 환호한다.
너희들이 고맙다.

"역사의 한복판에서 모두가 창문을 닫을 때 저 푸른 언덕을 희망으로 달렸던 맑은 청년들의 희생을 기억하겠습니다."

"또 어떤 이들은 조롱과 채찍질뿐 아니라 결박과 옥에 갇히는 시련도 받았으며 돌로 치는 것과 톱으로 켜는 것과 시험과 칼로 죽임을 당하고 양과 염소의 가죽을 입고 유리하여 궁핍과 환난과 학대를 받았으니 (이런 사람은 세상이 감당하지 못하느니라)"(히 11:36~38)

영화 〈쉰들러 리스트〉

우리도 볼 수 있어야 한다

행 7:54~60

S.1 흑백의 세상으로(0:00:22~0:04:10)

2차 세계대전이 한창이던 1939년 9월 독일군은 폴란드를 점령했고 모든 유대인들은 크라코프라는 지역으로 집단 이주됩니다. 이때 독일인 사업가 오스카 쉰들러는 유대인들을 고용하여 그릇 공장을 운영하고 막대한 돈을 벌게 됩니다.

당시 유대인들은 사유재산을 유지할 수 없는 것은 물론이고 목숨이 위태로운 상황이었기에 쉰들러의 계획은 모두에게 좋은 것이었습니다. 우선 생존이 전부였던 유대인들 입장에서 볼 때 공장에서 일하는 동안은 가스실로 가지 않고 생명을 유지할 수 있어서 좋았고, 쉰들러는 무임금으로 유대인 노동력을 사용하여 막대한 이익을 얻게 되어 좋았으며, 독일군 수용소장은 쉰들러의 계획을 허용하여 부를 얻을 수 있어서 좋았습니다.

S.2 암흑의 세상에서 사는 법(0:27:12~0:31:41)

하지만 이런 공생 관계는 오래갈 수 없었습니다. 전쟁이 진행되면서 패망을 직감한 독일이 유대인들을 모두 죽이려는 계획을 세웠기 때문입니다. 악이라고 하는 힘이 세상을 점령하는 계획이었습니다.

그런데 이상한 반전이 일어납니다. 그저 속물 사업가로 보였던 쉰들러가 악과 굶주림의 그늘이 지배하는 절망적인 세상에 희망이 되기 때문입니다. 그 죽음의 세상에서 자기 이익을 추구하던 쉰들러는 자신의 재산을 모두 처분하면서까지 무려 1,100명을 구해 냅니다.

우리는 이 영화를 보면서 '왜 쉰들러는 이렇게 행동한 것인가'라는 질문을 하게 됩니다. 분명 쉰들러는 독일인이었고 목숨을 걸고 유대인들을 구해야 할 이유가 존재하지 않았습니다. 도대체 무엇이 쉰들러를 바꾼 것입니까?

전쟁 막바지가 되자 독일은 유대인들을 모두 죽이는 소위 '인종청소' 계획을 실행합니다. 수용소의 가스실에서 이미 죽은 유대인들을 은폐하기 위하여 묻었던 시체들을 소각합니다. 그리고 지금까지 사용되었던 이 수용소는 폐쇄될 예정이었습니다.

그동안 많은 돈을 번 쉰들러는 그냥 떠나면 되는 일이었습니다. 그런데 그렇게 하지 않은 것입니다. 이미 언급한 것처럼 자신의 모든 재산을 퍼부어 유대인들을 살린 것입니다.

그리고 독일이 패망했을 때였습니다. 쉰들러 때문에 그때까지 살아남은 1,100명의 유대인들이 자신들의 금니 등을 녹여 만든 반지를 감사의 표현으로 주면서 탈무드의 말을 인용하여 이렇게 말합니다.

"하나의 생명을 구하는 자는 세상을 구하는 것이다."

그런데 이 같은 유대인들의 말을 쉰들러는 그냥 받아들이지 못합니다. 유대인들이 쉰들러를 보며 그가 한 일은 최선이었고 충분한 것이었다고 말함에도 불구하고 그는 오히려 통곡하면서 이렇게 말합니다.

"이 차… 괴트한테 이 차도 팔 수 있었을지 몰라. 내가 왜 안 팔았지? 열 명은 더 구했을 거야. 열 명은 더 구했을 텐데. 열 명은 더 살릴 수 있었어. 이 배지로… 두 명은 더 구할 수 있었어. 금배지잖아. 최소한 한 사람 몫은 쳐줬을 거야. 최소한 한 명을 더 빼 올 수 있었어. 한 사람의 생명을 구할 수 있었다고. 한 생명을… 이걸로 구할 수 있었어. 내가 최소한 한 사람은 더 살릴 수 있었는데… 그렇게 못했어. 그렇게 안했다고!"

S.3 쉰들러의 통곡(2:48:16~2:54:20)

아름답지만 궁금합니다. 도대체 쉰들러는 왜 이렇게 행동한 것입니까? 그에게 무슨 일이 있었던 것입니까?

저를 설레게 하는 성경의 이야기 중 하나가 스데반 사건입니다. 초대 교회 일곱 집사 중의 한 사람인 스데반이 사울처럼 기독교에 적대적인 유대인들에 의해 돌에 맞아 죽습니다. 그런데 스데반은 너무나 담대하게 죽음을 맞이합니다. 자신을 죽이는 자들을 용서해 달라는 기도와 함께 말입니다.

"그들이 돌로 스데반을 치니 스데반이 부르짖어 이르되 주 예수여 내 영혼을 받으시옵소서 하고 무릎을 꿇고 크게 불러 이르되 주여 이 죄를 그들에게 돌리지 마옵소서 이 말을 하고 자니라"(행 7:59~60)

어떻게 스데반은 이 같은 태도를 취할 수 있었던 것입니까? 비밀을 보았기 때문입니다. 스데반의 눈에 하늘 보좌와 그 우편에 서 계신 예수 그리스도가 보였던 것입니다.

"그들이 이 말을 듣고 마음에 찔려 그를 향하여 이를 갈거늘 스데반이 성령 충만하여 하늘을 우러러 주목하여 하나님의 영광과 및 예수께서 하나님 우편에 서신 것을 보고 말하되 보라 하늘이 열리고 인자가 하나님 우편에 서신 것을 보노라 한대"
(행 7:54~56)

예수께서 서서 계셨다는 것은 기다리신다는 말입니다. 우리 눈에 보이지 않는 그 주님을 스데반은 본 것입니다. 주님이 보여 주신 것입니다. 그러므로 보았기 때문입니다. 이렇게 보는 것은 무섭습니다. 쉰들러의 비밀은 여기, 보는 것에 있었습니다. 아, 무섭도록 아름답습니다. 속물이었던 쉰들러 역시 보았기 때문입니다. 그렇다면 쉰들러가 본 것은 무엇이었습니까?

영화 속에서 독일은 패망의 조짐을 느끼자 더 잔혹하게 유대인들을 죽입니다. 가스실이든 길거리든 마구 죽이는 잔혹을 행합니다. 그러던 어느 날 쉰들러는 수용소 전체가 보이는 언덕에 서서 수용소 안을 쳐다보게 됩니다. 거기서 무엇인가를 봅니다.

여기서 무엇을 보았는지 말하기 전에 이해를 위하여 스티븐 스필버그의 영화 기법 중 흑백 사용의 의미를 이해할 필요가 있습니다. 영화 〈쉰들러 리스트〉는 스티븐 스필버그의 1993년 영화로 3시간 15분짜리 장편입니다. 그런데 스필버그는 전체 러닝타임 중 유대인들이 유월절을 지키는 현재의 모습을 그린 시작과 쉰들러의 무덤을 찾아가는 유대인들의 모습을 그린 끝을 제외하고는 전체를 흑백으로 처리했습니다.

영화에서 흑백은 과거, 혹은 이미 사라진 것, 혹은 회상 신을 표현할 때 쓰는 기법입니다. 당연히 과거에 일어났던 일이기 때문입니다. 혹은 완전히 객관적으로 나와 구분되는 것을 그릴 때도 이런 기법을 쓰는데, 쉰들러에게 유대인들의 처한 상황은 지금 나와는 상관이 없는 흑백사진과 같은 것이었습니다.

그런데 갑자기 이상한 일이 벌어진 것입니다. 언덕에 서서 수용소 안에서 벌어지는 끔찍한 일을 자신과 관계없는 것으로 보던 쉰들러, 이미 설명한 것처럼 흑백 장면입니다. 갑자기 쉰들러가 한 여자아이를 본 것입니다. 흑백이 아니었습니다.

S.4 쉰들러가 본 것(1:05:20~1:07:22)

흑백 장면들, 나와 관계없는 것들이었는데 갑자기 붉은 채색옷을 입은 소녀가 보였습니다. 살아 있다는 뜻이고, 현재적 사건이라는 뜻입니다. 그때부터였습니다. 쉰들러가 흔들린 시점이었습니다. 생명이 보였기 때문입니다.

얼마 시간이 지나지 않아 독일은 수용소를 버리고 떠나야 하는 패망의 조짐을 만나는데, 수용소장은 그들이 불법 매장한 모든 시신의 증거를 없애기 위해 소각을 결정합니다. 그래서 묻었던 시신들을 꺼내어 화장하는 과정에서 쉰들러는 리어카에 실려 나오는 그 소녀, 붉은 채색옷을 입은 소녀를 봅니다. 생명이 살육당한 것입니다. 살인이었습니다.

그 순간부터 쉰들러는 지금 이대로 살 수 없었습니다. 생명을 본 것이고 나와 상관있는 존재들을 본 것입니다. 그것이 이유였습니다. 그러므로 쉰들러의 행위는 당연한 것이었습니다. 왜 그렇습니까? 보였기 때문입니다. 보는 것은 이토록 무섭습니다. 무엇을 보느냐가 그 사람의 크기를 결정한다고 해도 틀리지 않습니다.

S.5 붉은 채색옷을 입은 소녀(2:08:16~2:10:38)

보는 것, 하나님이 하시는 방법입니다. 알다시피 예언자들은 '앞을 보는 사람들'입니다. 정확하게 말해서 하나님이 보여 주십니다. 이처럼 하나님이 사람들을 부르실 때 쓰는 방법은 보여 주거나 꿈을 꾸고 상상하게 하십니다. 그러므로 성령이 임할 때 벌어지는 것이 보게 하는 것입니다. 우리의 눈을 열게 하십니다.

"하나님이 말씀하시기를 말세에 내가 내 영을 모든 육체에 부어 주리니 너희의 자녀들은 예언할 것이요 너희의 젊은이들은 환상을 보고 너희의 늙은이들은 꿈을 꾸리라"(행 2:17)

예언한다? 이것은 선지자들이 위기 속에서 세상을 향한 하나님의 뜻을 알고 말한 것처럼 하나님의 뜻을 읽는다는 말입니다. 환상을 본다? 이것은 자신의 부가 아니라 정말로 하나님이 원하시는 비전을 본다는 말입니다. 꿈을 꾼다? 이것은 하나님의 마음으로 지금 내가 살고 있는 세상, 눈에 보이는 것을 제대로 보고 또 다른 것들을 본다는 말입니다. 스데반이 본 것처럼, 오늘 영화의 쉰들러가 본 것처럼 말입니다.

그래서 쉰들러는 가만히 있을 수 없었던 것입니다. 보는 순간 그는 모든 것을 버릴 수밖에 없었습니다. 그것이 그가 유대인들을 1,100명이나 구한 이유입니다. 모든 것을 버린 것입니다.

S.6 쉰들러 리스트(2:15:10~2:19:11)

1992년 시카고, 제가 섬기던 교회에서 하나님이 보여 주신 것은 조국의 청년들이었습니다. 평생 저를 걷게 하신 하나님의 방법이었습니다. 오늘도 마찬가지입니다. 부르실 때 하나님은 보게 하시고 꿈을 꾸게 하시고 설레게 하십니다.

그런데 오늘날 우리 시대, 성령이 보여 주시는 것을 꿈꾸고 보는 자들이 사라지고 있는 것 같습니다. 당연히 자신이 보고 싶은 것만 보고, 세상에 보이는 것들을 전부로 여기기 때문입니다. 우리가 보지 못하는 이유이고 우리에게서 사명이 사라진 이유입니다.

왜 그런 것입니까? 하나님과 관계없는 존재이기 때문입니다. 주님과의 영적인 일치가 이뤄지지 않았기 때문입니다. 언제나 하나님을 아버지가 아니라 축복을 주는 신, '데우스 엑스 마키나'로만 믿기 때문입니다. 그분의 음성을 듣고 그분의 뜻 알기를 추구하지 않기 때문입니다. 그냥 인간으로 살기 때문입니다. 우리가 하나님적 존재인데 말입니다.

기도합니다. 더 깊이 주님을 알고 교제하면서 그분과 온전한 일치를 이루고 그분의 뜻을 깨달아 이 세상을 그 뜻 따라 사는 진정한 크리스천이 되기를 기도합니다. 그리고 더 깊어져 이 세상에서 붉은 채색옷 입은 소녀를 볼 수 있기를, 저기 우리를 향해 서 계신 주님을 볼 수 있기를, 주님이 말씀하시는 사명을 따라 살 수 있기를 기도합니다.

S.7 영화묵상 "나도 보고 싶습니다"

아무것도 보지 못했습니다.

그들은 짐짝처럼 취급당하여 내팽개처지고

파리 목숨처럼 가스실에서 사라져 갈 때에도

아무것도 보이지 않았습니다.

그들의 단지 살고 싶은 작은 소원이 무시되고

살아 있다는 것을 확인하고 싶은 소망이 짓밟힐 때에도

아무것도 몰랐습니다.

내 눈은 닫혀 있었습니다.

오로지 나만 보고 있었습니다.

침몰하는 세상 속

함께 침몰하는 사람들이 하나도 보이지 않았습니다.

나의 구차한 변명입니다.

(빨간 채색옷을 입은 소녀가 다른 유대인 어른들과 끌려 나오는 장면과 리어카에

실린 그 소녀의 주검을 편집해서 보여 준다.)

쉰들러는 갑자기 보았습니다.

빨간 채색옷을 입은 소녀가 보였습니다.

아, 사람인 것이, 나의 딸인 것이 보인 것입니다.

나도 볼 수 있을까요?

이 침몰하는 세상에서 나도 볼 수 있을까요?

조금이라도 사람답게 살 수 있을까요?

하나님의 마음을 알고 이 세상을 살 수 있을까요?

"'보아도 보지 못하고 들어도 깨닫지 못하게'(눅 8:10) 하실지도
모릅니다. 우리가 하나님과 관계없는 존재라면 말입니다. 오,
주님."

영화 〈콘크리트 유토피아〉

평범한 특별함

빌 2:5~8

S.1 어느 날 갑자기(0:02:41~0:04:40)

김숭늉 작가의 웹툰 〈유쾌한 왕따〉 2부 '유쾌한 이웃'를 원작으로 만든 영화 〈콘크리트 유토피아〉는 매우 도발적입니다. 갑자기 어느 겨울에 상상할 수 없는 대지진이 서울을 습격합니다. 그리고 평범한 보통 아파트였던 황궁아파트를 제외한 서울의 모든 아파트와 건물이 붕괴됩니다. 그때 평범한 사람들이 살던 아파트가 갑자기 특별한 곳이 됩니다. 평소에 그들은 그 앞의 고급 아파트 드림팰리스에 비춰 스스로 초라하게 여겼었는데 상황이 역전된 것입니다.

그것은 일종의 선택받은 것이었습니다. 이처럼 선택받은 황궁아파트와 달리 지옥과 같은 세상에 있던 밖의 사람들이 하나둘 추위와 죽음을 피해 황궁아파트로 몰려옵니다.

영화 스토리라인을 잠깐 소개하면, 자신이 산 아파트이지만 사기꾼 때문에 아파트를 잃은 김영탁이 자신의 집이어야 했을 902호로 찾아와 사기꾼과 다투는 과정에서 그를 죽이게 됩니다. 그런데 그 즈음에 지진이 난 것입니다. 이로 인해 화재가 발생한 한 집을 영탁이 영웅적으로 자신을 희생하며 불을 진화시키자, 졸지에 영탁이 아파트 대표가 되면서 영화는 전개됩니다.

점점 변해 가는 영탁, 그와 다른 입장을 가진 명화와 그의 남편 민성, 그리고 아파트 주민들이 맞물리며 이야기가 진행되는데 저는 그 스토리라인을 따르지 않고 말씀을 나누려고 합니다. 이에 제가 주목한 것은 대표로 뽑힌 김영탁이 했던 바로 이 한마디입니다.

"저는 이 아파트가 선택받았다는 느낌을 받았습니다."

이 발언은 놀라운 현상을 만들어 냈습니다. '선택받았다'라는 생각을 하게 되자 사람들이 이상해집니다. 황궁아파트의 주민들은 평소에 자신들을 무시하고, 단지 내로 발도 못 붙이게 하고, 학군 섞인다며 불평했던 드림팰리스 대신 황궁아파트가 선택받았다고 생각하는 순간 이상한 사람들로 변하기 시작했습니다. 마침내 그들이 결정한 것은 투표를 통해 지금 들어온 외부인들을 퇴출시키고, 외부인들로부터 자신들을 지키기로 한 것이었습니다.

S.2 선택받은 자의 위험(0:19:51~0:21:27, 0:22:47~0:23:21, 0:28:46~0:29:22, 0:31:47~0:33:26)

단순히 외부인들이 출입할 수 없다는 것 정도로 끝난 것이 아니었습니다. 자신들과 외부인들을 구분하기 시작하면서, 곧 자신들이 선택받았다는 사실을 생각할수록 외부인들과 차별을 두었고 심지어 그들을 바퀴벌레처럼 여깁니다. 영탁의 말을 들으면 알 수 있습니다.

"저 사람들은 가족이 아니에요. 바퀴벌레가 밥상머리 기어다
니면 식구 됩니까?"

평범했고 평범하게 여기며 살던 황궁아파트 주민들이 스스로 선
택받았다고 느끼는 순간 그런 구별이 생긴 것입니다. 심지어 자신들
을 제외한 외부인들이 바퀴벌레인 까닭에, 바퀴벌레는 밟아 죽여야 하
듯이 외부인들은 선택받은 자신들을 괴롭게 하는 존재로 여겼습니다.

급기야 그들은 황궁아파트를 지키기 위하여 무장하고 방범대를
세우고 외부인들을 철저히 봉쇄합니다. 그것만이 아니었습니다. 그
외부인들을 받아들인 자들은 유토피아를 깨는 반역자들로 취급되었
습니다. 그들의 문 앞에는 빨간 칠을 하여 구분했고 철저히 뉘우쳐야
했습니다. 그가 누구이건 나이가 많건 적건 아무 상관없었습니다. "잘
못했습니다"를 200번이나 반복하게 만들었습니다.

S.3 선택받은 자의 독선(1:26:56~1:28:14, 1:29:03~1:30:49)

선택받았다고 여기는 그들은 어느 순간부터인가 바퀴벌레와 같은
외부인의 것을 마음껏 약탈했고, 아무런 죄책감도 느끼지 않았습니
다. 그렇게 자신들이 선택받았다고 생각하는 순간부터 자신들을 지키
기 위해서 어떤 행동도 서슴지 않고 행하게 된 것입니다. 선택받았다

고 느끼는 자의 우월감과 교만이었습니다. 선택의 위험입니다.

이처럼 선택받았다고 느끼는 자들의 교만과 폭력은 역사 속에 빈번한 고통을 가져왔었습니다. 나치는 게르만 민족의 우월을 주장하며 유대인을 박해했고, 일본 제국주의는 천황 신민이라고 구별하며 우리나라를 약탈했습니다. 이것이 역사의 이야기라면 한때 우리 사회에 만연했던 장애자를 구분하고 부끄럽게 만들었던 것도 그런 이유 때문이고 지금 외국인 노동자를 함부로 대하고 심지어 인종차별 행위까지 하는 것도 그런 이상한 우월주의에서 나온 현상일 것입니다.

선택에 대한 잘못된 이해입니다. 사실 선택은 성경이 말하는 매우 중요한 단어입니다. 하나님이 우리를 선택하셨다고 말씀하시기 때문입니다. 성경의 몇 구절만 읽어도 알 수 있습니다.

"야곱아 너를 창조하신 여호와께서 지금 말씀하시느니라 이스라엘아 너를 지으신 이가 말씀하시느니라 너는 두려워하지 말라 내가 너를 구속하였고 내가 너를 지명하여 불렀나니 너는 내 것이라"(사 43:1)

"너희가 나를 택한 것이 아니요 내가 너희를 택하여 세웠나니 이는 너희로 가서 열매를 맺게 하고 또 너희 열매가 항상 있게 하여 내 이름으로 아버지께 무엇을 구하든지 다 받게 하려 함이라"(요 15:16)

좀 더 구체적인 경우를 찾으면 하나님이 아브라함을 선택하신 사건입니다. 그래서 아브라함의 자손인 이스라엘은 스스로를 하나님의 택함받은 특별한 백성으로 생각했습니다. 실제로 그렇습니다. 하지만 하나님이 택하신 이유는 분명합니다. 이사야 선지자가 예언한 것처럼 "너는 내 것" 곧 하나님께서 쓰시기 위함이었고 요한복음이 말한 것처럼 "열매가 항상" 맺히기 위함이었습니다. 그 열매가 무엇인지 하나님은 아브라함에게 분명히 말씀하셨습니다.

> "너를 축복하는 자에게는 내가 복을 내리고 너를 저주하는 자에게는 내가 저주하리니 땅의 모든 족속이 너로 말미암아 복을 얻을 것이라 하신지라"(창 12:3)

문제는 선민, 곧 택함받았다는 사실을 잘못 해석한 것입니다. 분명히 복을 유통하는 것이 하나님의 선택하신 이유인데 오로지 자신들만을 위한 하나님으로 제한한 것입니다. 백번 양보해서 복을 유통시키는 것에 동의하더라도 차별적으로, 자신들을 지나치게 특별한 존재로 여기므로 교만히 행동한 것입니다.

이것이 선교 역사의 불행을 만들어 냈습니다. 이상한 우월의식에 빠진 선교 방식으로 나타났고, 아시아와 아프리카 등 많은 국가들에게 복음이 전해졌음에도 지금 그 국가들이 기독교를 거부하고 부정하는 이유가 되었습니다.

선택받은 자의 독선입니다. 지나친 선민의식과 우월의식으로 자신들을 특별하게 생각했고 이를 부정하는 이들은 모두 선택하신 자를 부정하는 것으로 여긴 것입니다. 종교 권력의 남용이 이뤄진 이유입니다.

황궁아파트도 이와 같았습니다. 선택받은 자의 우월의식은 절대적으로 외부인을 부정했고 폭력이든 무엇이든 서슴지 않고 자행하게 만들었습니다. 이로 인해 그들은 콘크리트 유토피아, 견고한 유토피아를 이루었는지 모르지만 다른 사람들 곧 세상에는 디스토피아를 안겨다 주었습니다. 결국 외부인의 저항과 공격에 직면하게 된 까닭이기도 합니다.

S.4 선택받은 자의 잔인(0:36:06~0:37:36, 0:52:58~0:53:34, 0:54:46~0:55:45, 1:00:05~1:00:47)

유토피아는 사라집니다. 더욱이 희망도 사라집니다. 자기들만의 유토피아를 주장하는 곳에서 바로 디스토피아, 지옥이 시작된 것입니다. 그렇다면 우리가 회복해야 할 것은 무엇입니까?

희망은 평범을 사는 것입니다. 영화는 영탁이 진짜 영탁이 아니라 사기꾼이며 902호 진짜 영탁을 죽인 살인범이라는 것이 드러나면서 복잡해지지만, 그보다 더 심각한 것은 외부인들의 공격과 싸우는 과정에서 유토피아를 상실한 일입니다.

이미 유토피아가 아니라 디스토피아가 되어 버린 그곳에서 심한 상처를 입은 민성과 명화 부부가 도망쳐 나옵니다. 하지만 그 과정에서 깊은 상처를 입은 민성이 죽음을 맞이합니다. 그들이 마지막 잠을 청했던 곳은 아침에 일어나 보니 스테인드글라스 사이로 빛이 들어오는 무너진 예배당이었습니다. 그리고 그들이 누운 곳은 예배당 안 장의자였습니다.

남편을 잃은 명화가 그곳에서 어떤 평범한 사람들을 만납니다. 그런데 더 놀라운 것은 그들의 태도였습니다. 어찌할 줄 몰라 하는 그녀에게 그들이 "어디 갈 텐 있어요? 아님 우리랑 같이 가던가"라고 묻기 때문입니다. 그리고 그녀를 데려간 곳은 황궁아파트가 아니라 무너진 아파트, 기울기가 90도인 아파트 안이었지만 안락한 곳이었습니다. 황궁아파트가 그렇게 이루고 싶었던 유토피아가 거기 있었습니다. 그들은 아무 조건 없이 명화를 받아들입니다. 황궁아파트를 살던 그녀는 믿기지 않아 의심하며 묻습니다.

"저 그냥 살아도 되는 거예요?"
"그걸 왜 우리한테 물어봐요. 살아 있으면 그냥 사는 거지."

명화의 질문은 그들에게 이상한 질문일 뿐이었습니다. 분명 그들은 특별한 형편의 사람들이었지만, 여전히 평범을 살고 있는 사람들이었습니다. 그들은 황궁아파트 사람과 달리 선택받은 사람이라는 생각을 하고 있지 않았습니다. 분명히 특별하게 생존한 선택받은 사람들인데 말입니다. 그냥 그들은 인간으로 평범을 살고 있었습니다.

S.5 그냥 사는 거지(1:58:53~2:06:07)

사실 이 마지막 장면을 보면서 저는 엄태화 감독이 교회들에게 던진 메시지가 보였습니다. 왜곡되어 버린 선택받은 자의 의미가 어떤 것인지를 해석하려는 의도가 보였습니다. 평범을 사는 것 말입니다. 그것이 쉽지만은 않다는 것을 말하기 위하여 90도 기울어진 아파트에 그 사람들이 있는 것으로 표현했는지는 모르겠지만 매우 설득력이 있었습니다.

분명 하나님은 평범한 이들을 선민으로 부르시고 축복하셨습니다. 그 부름받은 특별한 이들에게 요구되는 것은 평범을 사는 것이었습니다. 물질이 주어지고 권력이 주어져도 평범을 사는 것이었습니다. 차별하지 않고 평범을 사는 것이 중요했습니다. 사실 처음 교회는 그렇게 주님의 말씀을 따랐습니다. 사도행전 말씀을 읽어 보면 알 수 있습니다.

"믿는 사람이 다 함께 있어 모든 물건을 서로 통용하고 또 재산과 소유를 팔아 각 사람의 필요를 따라 나눠 주며 날마다 마음을 같이하여 성전에 모이기를 힘쓰고 집에서 떡을 떼며 기쁨과 순전한 마음으로 음식을 먹고 하나님을 찬미하며 또 온 백성에게 칭송을 받으니 주께서 구원받는 사람을 날마다 더하

게 하시니라"(행 2:44~47)

하나님이 초대 교회를 축복하여 처음부터 3천 명이 모이는 교회가 되었지만 그들은 여전히 평범했습니다. 분명 특별했지만 평범을 살았습니다. 그것은 주님이 보여 주신 것이었기 때문입니다. 바울은 이 사실을 이렇게 기록했습니다.

"그는 근본 하나님의 본체시나 하나님과 동등됨을 취할 것으로 여기지 아니하시고 오히려 자기를 비워 종의 형체를 가지사 사람들과 같이 되셨고 사람의 모양으로 나타나사 자기를 낮추시고 죽기까지 복종하셨으니 곧 십자가에 죽으심이라"(빌 2:6~8)

우리 주님은 하나님과 동등된 분이시지만 자신을 비워 우리와 동일한 존재 곧 평범으로 오셨고, 평범으로 사셨습니다. 분명 우리는 하나님의 축복을 받은 존재로서 특별합니다. 하지만 평범을 살도록 부름받았음을 잊지 말아야 합니다. 특히 물질과 세속적 삶, 권력과 성공을 이루어서 특별해지더라도 우리는 평범을 살아야 합니다. 보통 인간이어야 합니다. 평범한 특별함이 우리가 걸어야 할 예수의 길이고, 그럴 때 세상은 우리의 말에 귀를 기울일 것입니다. 당연히 거기서부터 희망은 시작될 것입니다. 아멘.

S.6 영화묵상 "예외 없다"

평범하다.
누구나 밥을 먹고
누구나 똥을 싸고
누구나 놀고 일하며 산다.
그러다가 결국 죽는다.
이렇게 우리는 평범하다.
예외는 없다.

그런데 부요해졌다.
그런데 권력을 얻었고
그런데 유명해지기도 했다.
이렇게 다른 이들보다 더 잘된다.
그래도 우리는 평범하다.
예외는 없다.

그러므로 변해서는 안 된다.
평범을 잊어서는 안 된다.
하나님이 우리에게 복을 주셔서
다른 이들보다 더 잘되었어도

분명 특별하게 되었을지라도

평범을 잃어서는 안 된다.

예수처럼

평범한 특별함

잊지 말아야 한다.

예외는 없다.

"그는 근본 하나님의 본체시나 하나님과 동등됨을 취할 것으로 여기지 아니하시고 오히려 자기를 비워 종의 형체를 가지사 사람들과 같이 되셨고 사람의 모양으로 나타나사 자기를 낮추시고 죽기까지 복종하셨으니 곧 십자가에 죽으심이라"(빌 2:6~8)